ADVANCED

ACCOUNTING

SUBNOTE

고급회계 서브노트

저자 최 창 규

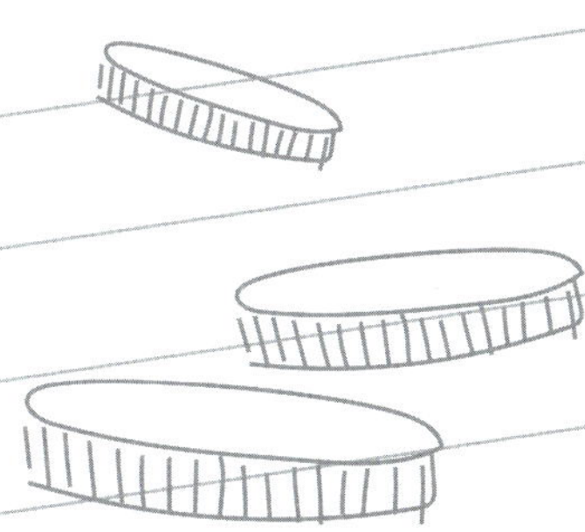

도서출판 준앤유

오리엔테이션

Orientation

재무회계

• 외부 정보이용자의 의사결정을 위한 유용한 정보 제공

회계원리 중급회계 고급회계

고급회계 목차

• 1장 : 사업결합

• 2장부터 6장 : 연결재무제표

• 7장 : 공동약정 및 관계기업투자

• 8장 : 환율변동효과

• 9장 : 파생상품 및 위험회피회계

출제 비중

[회계사 1차시험] 50문제 중 10문제

구분	2025년	2024년	2023년	2022년	2021년	2020년	2019년
사업결합	2문제	2문제	2문제	2문제	2문제	2문제	2문제
연결재무제표	3문제	3문제	3문제	4문제	4문제	4문제	5문제
관계기업투자	2문제	2문제	2문제	1문제	2문제	2문제	2문제
파생상품	3문제	3문제	3문제	3문제	2문제	2문제	1문제
계	10문제	10문제	10문제	10문제	10문제	10문제	10문제

[회계사 2차시험] 재무회계Ⅱ, 50점, 시험시간 60분

구분	2024년	2023년	2022년	2021년	2020년	2019년	2018년
사업결합	8점	9점	9점	13점	17점	10점	15점
연결재무제표	17점	18점	16점	27점	8점	35점	16점
관계기업투자	13점	8점	12점	10점	13점	-	12점
파생상품	12점	15점	13점	-	12점	5점	7점
계	50점	50점	50점	50점	50점	50점	50점

재무회계 교재 관련 자료

www.namucpa.com

① 나무경영아카데미 홈페이지 접속

수험정보실

② **회계사** 메뉴에서 **수험정보실** 클릭

③ **자료실** 메뉴에서 **추록정오표** 다운로드

CHAPTER 01 사업결합

1. 1장의 개요 : 기준서 제1103호

(1) 사업결합

① 합병 : 법적실체가 하나가 됨

② 연결 : 법적실체는 하나가 되지 않고, 경제적실체만 하나가 됨

(2) 취득법

(차)	취 득 자 산	공정가치	(대)	인 수 부 채	공정가치
(차)	영 업 권	대차차액	(대)	이 전 대 가	공정가치
	또 는			염 가 매 수 차 익	대차차액

(3) 단계적 취득 : 일괄법

(4) 역취득 (실질우선의 원칙)

2. 사업결합의 의의

(1) 사업결합의 정의에서 핵심적인 용어

① 사업 (businesses)

② 지배력 (control)

(2) 사업의 정의

Input → Process → Output

OX 문제

- 취득한 대상이 사업이 되기 위해서는 투입물과 과정이라는 두 가지 필수 요소를 가지고 있어야 하며, 산출물의 생산을 반드시 요구하지는 않는다. ( )
- 매도자가 그 사업을 사업으로 운영하였는지 또는 취득자가 그 집합을 사업으로 운영할 의도가 있는지와 관계없이 특정 집합이 사업인지의 여부를 평가하여야 한다. ( )

(3) 지배력의 정의

기준서 제1110호 '연결재무제표'의 지배력 규정 적용

(4) 사업결합 기준서의 적용 배제

① 공동기업(조인트벤처)의 구성 : 기준서 제1111호 '공동약정' 적용

② 일괄구입 : 기준서 제1016호 '유형자산' 적용

③ 동일지배 하에 있는 기업이나 사업 간의 결합 : 별도 기준서 제정 중

(5) 합병 형태의 사업결합

① 흡수합병

SK텔레콤 + 신세기통신 = SK텔레콤

현대전자 + LG반도체 = 하이닉스

② 신설합병

국민은행 + 주택은행 = 국민은행

(6) 지분 취득 형태의 사업결합

① 지분 취득으로 지배력 획득 시 (예 50%초과 지분취득) : 연결재무제표 작성

② 지분 취득으로 유의적인 영향력 획득 시 (20%이상 지분취득) : 지분법 적용

(7) 도식화

▶▶▶ 사업결합 적용 회계기준의 판단

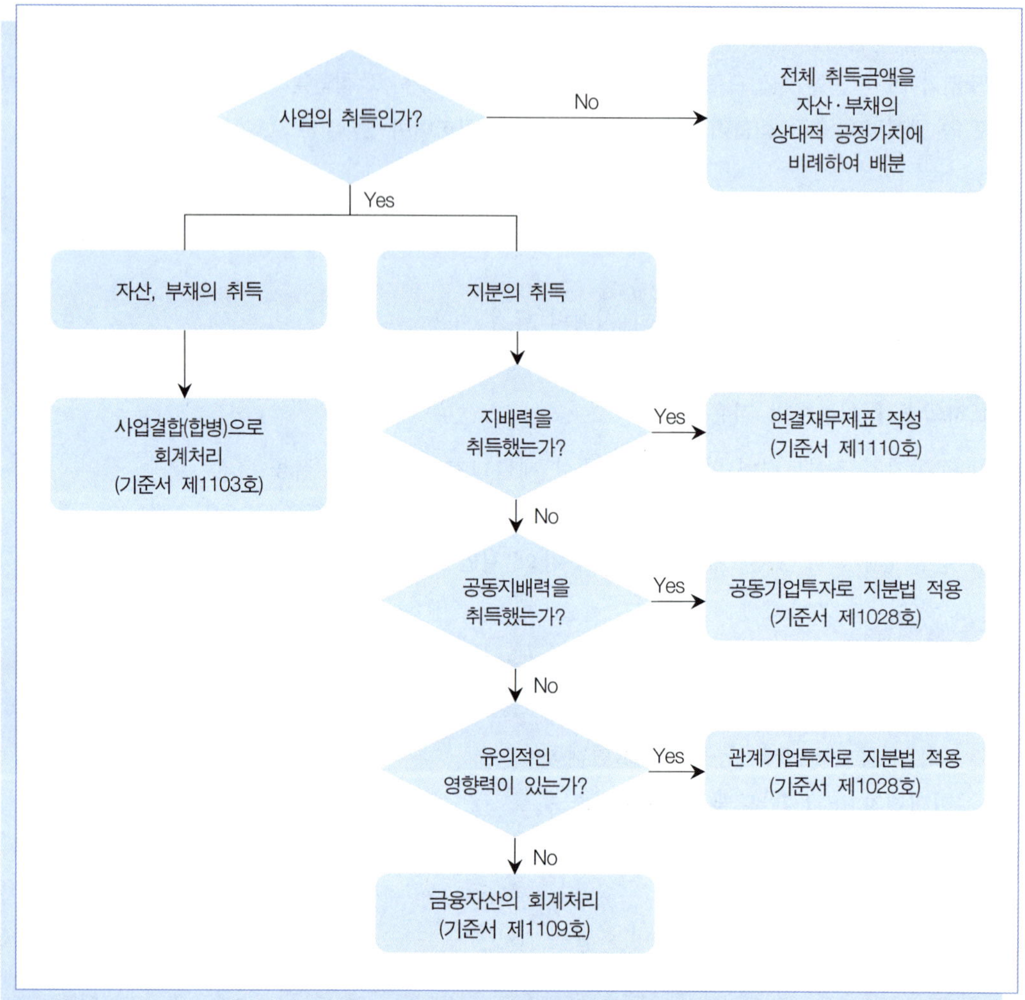

Memo

3. 사업결합의 회계처리

(1) 취득법

① 취득법의 회계처리

(차) 취 득 자 산	공정가치	(대) 인 수 부 채	공정가치
(차) 영 업 권	대차차액	(대) 이 전 대 가	공정가치
또 는		염 가 매 수 차 익	대차차액

참고 : 지분통합법

피취득자의 자산·부채를 장부금액으로 승계, 국제회계기준은 채택하지 않음

② 합병의 기본적인 회계처리 : 예제 1

③ 사업결합거래와 일반적인 자산취득거래의 비교 : 예제 2

(2) 취득자의 식별

① 취득자 : 피취득자에 대한 지배력을 획득하는 기업

② 피취득자 : 취득자가 사업결합으로 지배력을 획득하는 대상 사업

③ 취득자를 식별할 때 먼저 기준서 제1110호 '연결재무제표'의 지배력에 대한 규정을 적용해야 한다. 동 규정을 적용하여도 취득자를 명확하게 파악하지 못한다면 다음의 표와 같이 취득자를 식별한다.

Memo

〈표 1〉 취득자의 식별

사업결합의 유형 또는 결합참여기업의 특성	취 득 자
주로 현금이나 그 밖의 자산을 이전하거나 부채를 부담하여 이루어지는 사업결합의 경우	현금이나 그 밖의 자산을 이전한 기업 또는 부채를 부담하는 기업
상대적 크기(예 자산, 수익 또는 이익 등)	상대적 크기가 중요하게 큰 결합참여기업
기업이 셋 이상 포함된 사업결합의 경우	결합참여기업의 상대적 크기뿐만 아니라 결합참여기업 중 어느 기업이 결합을 제안하였는지도 고려하여 결정
사업결합을 추진하기 위하여 새로운 기업이 지분을 발행하여 설립된 경우	사업결합 전에 존재하였던 결합참여기업 중 한 기업을 전술한 지침을 적용하여 취득자로 식별. 만일 새로운 기업이 현금이나 그 밖의 자산을 이전하거나 부채를 부담할 경우 취득자가 될 수 있음

④ 신설합병

A + B = C (이전대가로 C사 주식교부) : A, B회사 중 취득자 식별

A + B = C (이전대가로 현금교부) : A, B, C회사 중 취득자 식별

〈표 2〉 지분교환으로 이루어지는 사업결합 시 취득자의 식별

기본서 P.13 참고

(3) 취득일의 결정

취득일이란 취득자가 피취득자에 대한 지배력을 획득한 날을 말한다.

OX 문제

- 일반적으로 지배력을 획득한 날은 취득자가 법적으로 대가를 이전하여 피취득자의 자산을 취득하고 부채를 인수한 날의 종료일이다. 그러나 취득자는 종료일보다 이른 날 또는 늦은 날에 지배력을 획득하는 경우도 있다. ( )

(4) 식별할 수 있는 취득 자산 및 인수 부채의 인식과 측정

① 인식원칙

취득일 현재, 취득자는 다음의 문단 11과 문단 12에서 요구하는 두 가지 조건에 따라 식별할 수 있는 취득 자산과 인수 부채를 인식한다.

〈문단 11〉
식별할 수 있는 취득 자산과 인수 부채는 취득일에 '재무보고를 위한 개념체계(2018)'의 자산과 부채의 정의를 충족하여야 한다.

〈문단 12〉
식별할 수 있는 취득 자산과 인수 부채는 별도 거래의 결과가 아니라 사업결합 거래에서 취득자와 피취득자(또는 피취득자의 이전 소유주) 사이에서 교환한 항목의 일부이어야 한다.

OX 문제

- 피취득자의 영업활동을 종료하거나 피취득자의 고용관계를 종료하거나 재배치하는 것과 같은 계획의 실행에 의해 미래에 발생할 것으로 예상되지만 의무가 아닌 원가는 취득일의 부채가 될 수 있다. ( )

ⓐ 사업결합 거래와 별도 거래의 구분 : 예 4, 예 5, 예 6, 예 7

② 측정원칙 : 공정가치

③ 인식원칙 또는 측정원칙의 예외

ⓐ 우발부채 : 예제 3

사업결합시에는 충당부채 인식조건 3가지 중 2가지(현재의무, 신뢰성있게 추정)만 만족하면 충당부채로 재무상태표에 부채로 인식한다.

ⓑ 다시 취득한 권리 : 관련 계약의 잔여계약기간에 기초하여 측정, 예 1

ⓒ 주식기준보상

ⓓ 매각예정자산

ⓔ 법인세 : 예 2, 예제 4

ⓕ 종업원급여

ⓖ 보상자산 : 예제 5

ⓗ 피취득자가 체결한 리스계약 : 예 3

④ 식별할 수 있는 무형자산의 인식

취득자는 피취득자의 재무제표에 자산과 부채로 인식하지 않았던 것을 자산과 부채로 인식할 수 있다. (예 개발비, 3M 포스트잇)

⑤ 식별할 수 없는 집합적 노동력

⑥ 취득 자산이나 인수 부채의 분류나 지정

Memo

(5) 이전대가

① 이전대가의 측정 : 취득일의 공정가치

② 이전대가에 비화폐성자산이 포함된 경우 (예 토지) : 예제 6

이전대가를 피취득자 주주에게 지급한 경우	비화폐성자산을 공정가치로 측정하여 이전대가에 기록하고 차손익은 당기손익
이전대가를 피취득자에게 지급한 경우	비화폐성자산을 장부금액으로 측정하여 이전대가에 기록하고 취득하는 자산에도 동일 금액을 기록

③ 조건부 대가 : 예제 7

취득자는 이전대가에 포함되는 조건부 대가를 취득일의 공정가치로 인식한다. 조건부 대가는 추후에 주식을 교부할 예정이면 자본으로 현금을 지급할 예정이면 부채로 분류한다.

(6) 영업권 및 염가매수차익

① 영업권 (고가매수차손, 승자의 저주)

ⓐ 자가창설영업권은 인정하지 않음, 매입영업권만 무형자산으로 인정

ⓑ 내용연수가 비한정, 상각하지 않음, 매년 손상검사

ⓒ 손상차손환입은 인정하지 않음, 그 이유는 자가창설영업권이기 때문임

ⓓ 영업권 손상검사 사례 : 예 8, 예 9, 예 10, 예제 10

② 염가매수차익 : 예제 9

ⓐ 매도자가 매각을 강요받은 경우를 제외하고는 실무상 발생하지 않음

ⓑ 먼저 취득 자산과 인수 부채의 공정가치를 재검토하여야 함

ⓒ 그래도 염가매수차익이 존재하면 당기수익으로 인식

(7) 취득관련원가

구 분	회계처리
중개수수료(자문, 법률, 회계, 가치평가 및 그 밖의 전문가 또는 컨설팅 수수료 등)	비용으로 인식
내부의 사업결합 담당부서 유지에 소요되는 원가를 포함한 일반관리원가	비용으로 인식
채무상품 및 지분상품의 발행원가	당해 증권의 발행가액에서 차감

참고

피취득자로부터 취득한 자산의 취득부대비용은 해당 자산의 취득원가에 가산하는 것이 타당할 것이다. 즉, 영업권이나 염가매수차익에는 영향을 미치지 않는다.

(8) 관련 예제 풀이

① 예제 3 : 우발부채의 인식

[물음 2]

(차)	현금및현금성자산	(대)	매 입 채 무
	재 고 자 산		단 기 차 입 금
	유 형 자 산		충 당 부 채
	무 형 자 산		자 본 금
	영 업 권		주식발행초과금

② 예 2 : 취득자와 피취득자의 세율이 다른 경우 이연법인세의 측정

1. 이연법인세를 고려하지 않는 경우

(차) 자 산	(대) 부 채
영 업 권	현 금

2. 이연법인세를 고려한 경우

(차) 자 산	(대) 부 채
이연법인세자산	이연법인세부채
영 업 권	현 금

③ 예제 4 : 사업결합 관련 이연법인세

[물음 1]

(차)	현　　　금	(대)	미 지 급 비 용
	유 형 자 산		이연법인세부채
	영　업　권		자　본　금
			주식발행초과금

[물음 2]

(차)	현　　　금	(대)	미 지 급 비 용
	유 형 자 산		이연법인세부채
	이연법인세자산		자　본　금
	영　업　권		주식발행초과금

[물음 3]

(차)			(대)		

④ 예제 6 : 이전대가의 측정

[물음 1]

(차) 자 산	(대) 부 채
영 업 권	자 본 금
	주식발행초과금
	토 지
	처 분 이 익

[물음 2]

(차) 자 산	(대) 부 채
토 지	자 본 금
영 업 권	주식발행초과금
	토 지

[물음 3]

(차) 자 산	(대) 부 채
영 업 권	자 본 금
	주식발행초과금

⑤ 예제 7 : 조건부대가가 이전대가에 포함된 경우

[물음 1]

(차) 자산	(대) 부채
영업권	자본금
	주식발행초과금
	조건부대가(자본)

[물음 2]

(차) 자산	(대) 부채
영업권	자본금
	주식발행초과금
	조건부대가(부채)

⑥ 예제 9 : 염가매수차익의 회계처리

[물음 1]

(차) 자산	(대) 부채
	자본금
	주식발행초과금

[물음 2]

(차) 자산	(대) 부채
	자본금
	주식발행초과금

⑦ 예제 11 : 취득관련원가의 회계처리

[물음 1]

(차)	자 산	(대)	부 채
	영 업 권		자 본 금
			주식발행초과금

[물음 2]

(차)	자 산	(대)	부 채
	영 업 권		자 본 금
			주식발행초과금
(차)		(대)	현 금
	비 용		

Memo

4.1 단계적 취득

(1) 일괄법

지배력 취득일에 과거에 취득했던 지분까지 일괄해서 한번에 취득한 것으로 가정

(2) 일괄법 적용 시 취득일의 이전대가

과거 취득했던 지분의 취득일의 공정가치 + 취득일에 지급한 이전대가 공정가치

(3) 관련 예제 : 예제 12

일 자	회 계 처 리			
20×1. 1. 1	(차)	FVOCI 선택 금융자산	(대)	현 금
20×1. 12. 31	(차)	FVOCI 선택 금융자산	(대)	
20×2. 1. 10	(차)	FVOCI 선택 금융자산	(대)	
	(차)	자 산	(대)	부 채
		영 업 권		자 본 금
				주식발행초과금
				FVOCI 선택 금융자산

(4) 이전대가를 지급할 수 있는 경우의 수(FVOCI 선택 금융자산으로 분류 가정)

이전대가	취득자에게도 지급여부	이전대가의 공정가치
현금	지급할 수 없음	지급한 현금 총액 + FVOCI 선택 금융자산의 취득일의 공정가치
주식	지급하지 않은 경우	발행한 주식 공정가치 + FVOCI 선택 금융자산의 취득일의 공정가치
	지급한 경우	발행한 주식(100%) 공정가치 FVOCI 선택 금융자산 계정이 자기주식 계정으로 대체

Memo

4.2 대가의 이전 없이 이루어지는 사업결합

(1) **취득자가 대가를 이전하지 않고 피취득자에 대한 지배력 획득**

① 피취득자가 충분한 수량의 자기주식을 비지배주주로부터 취득하는 경우

② 피취득자 의결권의 과반수를 보유하고 있는 취득자가 피취득자를 지배하는 것을 막고 있던 소수거부권이 소멸한 경우

③ 취득자와 피취득자가 계약만으로 사업결합하기로 약정한 경우

(2) **이전대가의 수수 없이 계약만으로 이루어지는 사업결합도 취득법 적용**

4.3 역취득 (실질우선)

(1) **역취득의 의의**

이전대가로 지분을 발행하는 기업이 피취득자가 되기도 하는데, 이러한 유형의 사업결합을 역취득이라고 함

(2) **역취득의 사업결합** : 예 11

① 역취득이 아닌 것으로 판단한 경우

② 역취득으로 판단한 경우

사업결합 직후 갑회사 주주 지분율 : 100주/(100주+150주)=40%

을회사가 갑회사 주주에게 발행하였을 주식수 : 40%=x/(150주+x), ∴ x=100주

을회사의 사실상 이전대가 : 100주×₩32=₩3,200

Memo

5. 측정기간 동안 또는 측정기간 종료 후 조정

(1) 잠정금액

(2) 측정기간 : 측정기간은 취득일로부터 1년을 초과할 수 없다.

(3) 잠정금액으로 기록한 자산·부채를 측정기간 동안 수정하면 영업권(염가매수차익)도 수정

(4) 관련 예제 : 예 12, 예제 13

Memo

6. 후속 측정의 회계처리

(1) 다시 취득한 권리, 우발부채 및 보상자산의 후속 측정

(2) 조건부 대가의 후속 측정 : 예제 14

<table>
<tr><th>구 분</th><th>측정기간의 조정에 해당</th><th>측정기간의 조정이 아닌 경우</th></tr>
<tr><td>자본으로 분류한
조건부 대가</td><td rowspan="2">조건부 대가(자본 또는 부채)를
공정가치로 측정하고
공정가치 변동을 영업권
(또는 염가매수차익)에 반영.
즉, 소급조정함.</td><td>조건부 대가(자본)를
다시 측정하지 않음</td></tr>
<tr><td>부채로 분류한
조건부 대가</td><td>조건부 대가(부채)를 공정가치로
측정하고 공정가치 변동을
당기손익으로 인식</td></tr>
</table>

Memo

7. 보론

(1) 사업결합에서 식별할 수 있는 무형자산

① 마케팅 관련 무형자산 : 영업권과 분리하여 식별가능
등록상표, 상표명, 서비스마크, 단체마크, 인증마크, 인터넷 도메인 명

② 고객 관련 무형자산
ⓐ 사업결합에서 취득한 고객목록은 분리가능성 기준을 일반적으로 충족
ⓑ 사업결합에서 취득한 주문잔고나 생산잔고는 계약적·법적기준을 충족
ⓒ 사업결합에서 취득한 고객계약과 관련 고객 관계는 계약적·법적기준을 충족

③ 예술 관련 무형자산
사업결합에서 취득한 예술 관련 자산(공연작품 등)이 저작권에 따라서 제공하는 자산과 같이 계약적 또는 법적 권리에 따라 생기면 식별가능

④ 계약에 기초한 무형자산

⑤ 기술에 기초한 무형자산
ⓐ 사업결합에서 취득한 컴퓨터 소프트웨어, 프로그램 포멧, 마스크 작업물
ⓑ 사업결합에서 취득한 데이터베이스
ⓒ 비밀 공식, 공정 및 조리법 등과 같은 거래상의 비밀

(2) 사업결합 시 주식기준보상의 회계처리(2차) : 보론 예 1

Memo

CHAPTER 02

연결회계의 기초

1. 2장의 개요 : 기준서 제1110호

(1) 연결재무제표 의의 : 지배기업과 종속기업의 재무제표를 하나로 합친 재무제표

(2) 지배력

① 피투자자에 대한 힘(power)

② 피투자자의 변동이익에 대한 노출이나 권리

③ 힘을 사용할 수 있는 능력 보유

(3) 연결재무제표 작성 여부 판단

(4) 별도재무제표

(5) 연결이론 : 국제회계기준은 실체 개념 채택

2. 연결재무제표의 의의

(1) 사업결합으로서의 연결

① 지배기업은 지배기업 결산일마다 종속기업 재무제표를 합산한 연결재무제표를 작성

② 합병은 취득일에 한번만 합병회계처리하지만 연결은 종속기업이 별도 법적실체로 계속 존재하기 때문에 지배기업 결산일마다 연결절차가 필요함에 유의

(2) 연결재무제표 작성의 필요성

① 연결실체 전체의 재무상태와 경영성과를 정보이용자에게 제공

② 지배기업과 종속기업간의 내부거래 등을 통한 개별 실체 재무제표의 왜곡을 제거

③ 경영자에게 연결실체 전체에 대한 재무정보 제공

(3) 연결재무제표 작성의 한계점

① 개별 실체에 대한 투자의사결정이나 대출의사결정에 있어서는 개별 실체의 재무제표가 필요함 → 별도재무제표를 작성하도록 함으로써 해결

② 연결대상 종속기업의 범위가 타당하지 않을 때 연결재무제표의 유용성이 저하된다.

③ 연결대상기업들간의 업종이 다르거나 회계처리방법이 상이하면 유용성이 저하된다.
→ 연결작업 시 회계정책을 통일하여 재무제표를 조정하고 주석공시를 통해서 해결

3. 지배력

(1) 지배력 유무의 판단

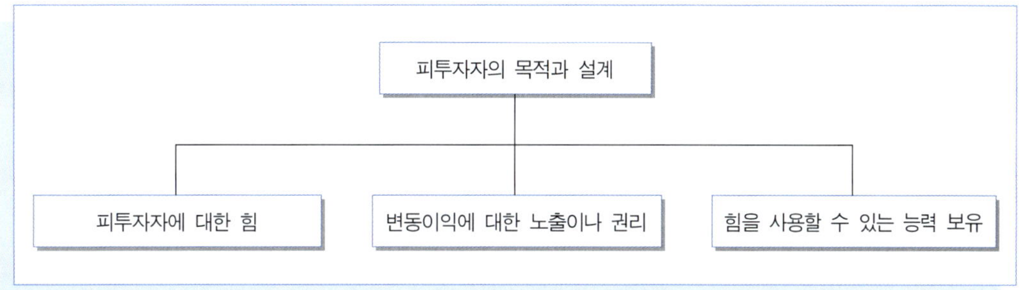

① 지배력의 3요소를 판단하기 전에 피투자자의 목적과 설계를 고려

② 관련 활동이란 피투자자의 이익에 유의적인 영향을 미치는 활동

③ 누가 관련 활동에서 이익을 얻는지를 알아내기 위하여 피투자자의 목적과 설계를 고려

④ 의결권이 관리 업무에만 관련되어 있고 관련 활동은 계약상 약정으로 지시되는 경우와 같이, 누가 피투자자를 지배하는지를 결정할 때 의결권이 가장 주된 요소가 되지 않도록 피투자자를 설계 가능

⑤ 과반수 의결권이 피투자자의 관련 활동을 지시하는 핵심적인 요소이기는 하지만, 과반수 의결권이 반드시 지배력을 갖고 있음을 의미하는 것은 아님

⑥ 보유 의결권과 관계없이 피투자자의 관련 활동을 지시할 수 있는 능력이 있고, 관련 활동으로부터 이익을 얻는 자가 피투자자를 지배함

OX 문제

- 가장 단순한 경우, 다른 요소가 없다면 의결권의 과반수를 보유하는 투자자가 피투자자를 지배한다. ( )

(2) 피투자자에 대한 힘

1) 피투자자에 대한 힘을 가지게 하는 권리

① 피투자자에 대한 힘을 갖기 위하여 투자자는 관련 활동을 지시하는 현재의 능력을 갖게 하는 현존 권리를 보유해야 함

② 투자자의 힘을 평가할 때, 실질적인 권리와 방어적이지 않은 권리만을 고려해야 함

③ 둘 이상의 투자자가 서로 다른 관련 활동을 지시하는 일방적인 능력을 갖게 하는 현존 권리를 보유하는 경우도 있다. 이러한 경우에는 피투자자의 이익에 가장 유의적으로 영향을 미치는 활동을 지시하는 현재의 능력이 있는 투자자가 피투자자에 대한 힘이 있는 것으로 봄

④ 힘은 권리에서 발생(1110:B15)

⑤ 힘의 증거(1110:B18)

⑥ 힘의 지표(1110:B19)
이익 변동에 많이 노출되었다는 것은 투자자가 힘을 갖고 있다는 지표

⑦ 투자자가 피투자자에 대해 힘을 갖고 있는지 고려할 때 문단 B18의 힘의 증거가 문단 B19의 힘의 지표보다 더 중요

2) 실질적인 권리

① 투자자가 힘을 갖고 있는지를 평가할 때, 피투자자와 관련된 실질적인 권리만을 고려

② 보통 권리가 실질적이 되기 위해서는 권리를 현재 행사할 수 있어야 한다. 그러나 때때로 권리를 현재 행사할 수 없더라도 실질적일 수 있음

3) 방어적이지 않은 권리

방어권은 피투자자에 대한 힘을 갖게 하지 않으면서 권리 보유자의 이익을 보호하기 위해 설계되었기 때문에, 방어권만을 보유하는 투자자는 피투자자에 대해 힘을 갖지 않음

4) 의결권

① 투자자가 과반수 의결권을 보유하면 일반적으로 힘을 가지는데, 의결권의 과반수를 보유하더라도 힘을 가지지 않는 경우도 있고, 반대로 의결권의 과반수를 보유하지 않더라도 힘을 가지는 경우가 있음

② [표 1] 의결권의 보유와 힘 : 기본서 p.132

OX 문제

- 투자자가 의결권의 과반수를 보유하지 않더라도 다른 의결권 보유자와의 계약상 약정이나 그 밖의 계약상 약정을 통하여 힘을 가질 수 있다. ( )

③ 의결권의 과반수 보유 없이도 힘을 가지는 경우 (고려요소)

> ① 투자자의 보유 의결권의 상대적 규모와 다른 의결권 보유자의 주식분산 정도. 다음의 경우 투자자는 관련 활동을 지시할 현재의 능력을 부여하는 권리를 가질 가능성이 높다.
> ㉮ 투자자가 보유한 의결권이 많을수록
> ㉯ 다른 의결권 보유자에 비하여 투자자가 보유한 의결권이 많을수록
> ㉰ 투표에서 투자자를 이기기 위해 함께 행동할 필요가 있는 당사자들이 많을수록
> ② 투자자, 다른 의결권 보유자 또는 다른 당사자가 보유한 잠재적 의결권
> ③ 그 밖의 계약상 약정에서 발생하는 권리
> ④ 과거 주주총회에서의 의결양상을 포함하여, 결정이 이루어져야 하는 시점에서 투자자가 관련활동을 지시하는 현재의 능력을 가지고 있는지 나타내는 추가적인 사실과 상황

OX 문제

- 지배력을 평가할 때 투자자는 자신 및 다른 당사자의 잠재적 의결권도 고려한다. 단, 잠재적 의결권은 권리가 실질적인 경우에만 고려한다. ( )

④ 과반수 미만의 의결권 보유 시 힘을 갖는지 판단 사례 : 예 3

5) 특수목적기업

(3) 변동이익에 대한 노출이나 권리

변동이익은 양(+)과 부(−)의 금액을 모두 가질 수 있다.

(4) 자신의 힘을 사용할 수 있는 능력 보유 여부(본인과 대리인의 구분)

① 지배 여부를 결정할 때 지배의 주체가 본인이어야 함

② 대리인은 피투자자를 지배하지 않음 : 힘과 이익과의 연관이 결여

③ 대리인인지 결정할 때 다음의 모든 요소에 대하여 자신, 피투자자, 다른 당사자 사이의 전체적인 관계를 고려

> ① 의사결정권한의 범위
> ② 다른 당사자가 갖는 권리(예 실질적인 해임권 등)
> ③ 보상(보상은 제공된 용역에 상응, 통상적인 보상약정)
> ④ 다른 지분의 이익변동에 대한 노출

④ 대표적인 사례 : 펀드운용사(예 4)

4. 연결재무제표 작성 여부 판단

(1) 투자기업

① 투자기업인 지배기업은 종속기업 투자주식을 공정가치로 측정하여 당기손익으로 인식하고, 연결재무제표는 작성하지 않음

② 투자기업은 일반적으로 연결재무제표 작성 의무가 면제되나, 투자관련 용역을 제공하는 종속기업의 지분을 보유하는 경우에는 연결재무제표를 작성함

(2) 지배기업이 다음의 조건을 모두 충족하는 경우에는 연결재무제표의 작성 의무 면제

① 지배기업이 그 자체의 지분 전부를 소유하고 있는 다른 기업의 종속기업이거나, 지배기업이 그 자체의 지분 일부를 소유하고 있는 다른 기업의 종속기업이면서 그 지배기업이 연결재무제표를 작성하지 않는다는 사실을 그 지배기업의 다른 소유주들(의결권이 없는 소유주 포함)에게 알리고 그 다른 소유주들이 그것을 반대하지 않는 경우
② 지배기업의 채무상품 또는 지분상품이 공개시장(국내 · 외 증권거래소나 장외시장. 지역시장 포함)에서 거래되지 않는 경우
③ 지배기업이 공개시장에서 증권을 발행할 목적으로 증권 감독기구나 그 밖의 감독기관에 재무제표를 제출한 적이 없으며 제출하는 과정에 있지도 않은 경우
④ 지배기업의 최상위 지배기업이나 중간 지배기업이 한국채택국제회계기준을 적용하여 작성한 공개적으로 사용할 수 있는 재무제표에 이 기준서에 따라 종속기업을 연결하거나 종속기업을 공정가치로 측정하여 당기손익에 반영한 경우

(3) 면제 사례 : 투자기업이 아닌 중간지배기업

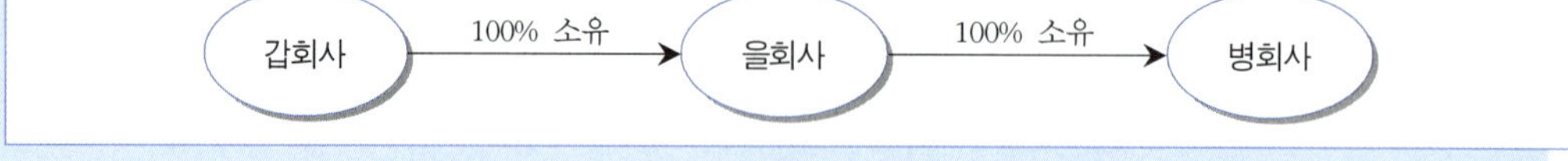

Memo

5. 별도재무제표

(1) 별도재무제표의 의의

① 별도재무제표란 종속기업, 공동기업 및 관계기업에 투자를 가지고 있는 투자자의 재무제표를 말한다. 투자자는 종속기업투자, 공동기업투자 및 관계기업투자에 대해서 원가법, 기준서 제1109호의 방법 및 지분법 중 한 가지 방법을 적용하여 별도재무제표를 작성한다.

② 국제회계기준 : 연결면제조건에 해당되어 연결재무제표를 작성하지 않는 지배기업이 작성

③ 한국 : 외감법 시행령에 따라 연결재무제표를 작성해도 별도재무제표 작성하여 함께 공시

(2) 투자지분에 따라 작성한 재무제표 및 회계처리

구 분	피투자자에 대한 영향력	투자자가 작성할 재무제표	투자지분의 회계처리
단순 투자	없 음	개별재무제표	금융자산에 해당되므로 기준서 제1109호 적용
관계기업투자	유의적인 영향력	지분법 적용 재무제표	관계기업투자에 대해서 기준서 제1028호의 지분법 적용
공동기업투자	공동지배력	지분법 적용 재무제표	공동기업투자에 대해서 기준서 제1028호의 지분법 적용
종속기업투자	지배력	연결재무제표	해당 없음
		별도재무제표	원가법, 기준서 제1109호의 방법 또는 지분법 중 선택

(3) 투자자가 작성하는 재무제표

보유 투자지분의 구분	기본재무제표			별도재무제표
	개별재무제표	지분법 적용 재무제표	연결재무제표	
일반적인 투자지분만 보유	작성[(1)]	–	–	–
관계기업투자만 보유 (지분법 적용 면제 아님)	–	작성	–	추가 작성 가능[(2)]
관계기업투자만 보유 (지분법 적용 면제의 경우)	–	–	–	유일하게 작성[(2)]
종속기업투자 보유	–	–	작성[(3)]	추가 작성 가능[(4)] (단, 우리나라에서는 의무 작성)
종속기업투자 보유 (연결 면제의 경우)	–	–	–	유일하게 작성[(5)]

(1) 일반적인 투자지분을 기준서 제1109호(공정가치법)에 따라 평가

(2) 관계기업투자를 원가법 또는 기준서 제1109호 방법 중 하나의 방법으로 평가

(3) 관계기업투자를 보유하고 있다면 연결재무제표에서 관계기업투자를 지분법으로 평가(1028:IN8)

(4) 종속기업투자(관계기업투자가 있으면 이를 포함)를 원가법, 기준서 제1109호 방법 또는 지분법 중 하나의 방법으로 평가

(5) 종속기업투자(관계기업투자가 있으면 이를 포함)를 원가법, 기준서 제1109호 방법 또는 지분법 중 하나의 방법으로 평가. 단, 지배기업이 투자기업이라면 공정가치 측정-당기손익 인식 항목으로 평가

6. 연결이론 : 비지배지분이 존재할 때에만 필요

(1) 지배기업 개념

① 자본주이론을 연결회계에 적용
② 연결실체의 주인은 지배기업 주주만으로 봄
③ 비지배지분을 부채로 분류
④ 비지배지분 귀속 당기순이익을 비용으로 분류하고 연결당기순이익 계산 시 차감
⑤ 취득일의 종속기업 순자산의 공정가치와 장부금액의 차이 중 지배기업 해당 금액만 조정하고 비지배지분 해당액은 조정하지 않음
⑥ 내부거래로 인한 미실현손익 중 지배기업 해당 금액만 제거

(2) 실체 개념 (국제회계기준이 선택)

① 실체이론을 연결회계에 적용
② 연결실체의 주인은 지배기업 주주뿐 아니라 비지배지분까지 해당
③ 비지배지분을 자본으로 분류
④ 비지배지분 귀속 당기순이익을 이익분배로 보고 연결당기순이익 계산 시 차감하지 않음
⑤ 취득일의 종속기업 순자산의 공정가치와 장부금액의 차이 전액을 조정하고 비지배지분 해당액은 비지배지분(자본)에 배분한다.
⑥ 내부거래로 인한 미실현손익 전액 제거

주 의 : 국제회계기준이 지배기업 개념에 영향을 받은 회계처리
영업권을 지배기업 것만 인식(부분인식 영업권)

7. 연결재무제표의 양식 : 기준서 제1001호

① 연결재무상태표 : 자산에 영업권, 자본에 비지배지분
② 연결포괄손익계산서 : 지배기업소유주와 비지배지분에 각각 귀속시킬 금액으로 구분공시
③ 연결자본변동표 : 비지배지분 존재
④ 연결현금흐름표

Memo

CHAPTER 03

연결재무제표의 작성

1. 3장의 개요 : 기준서 제1110호

(1) 연결재무제표 작성의 기초 : 단순합산 후 연결조정분개

(2) 지배력 취득시점에서의 연결 : 비지배지분이 없는 경우

(3) 지배력 취득 이후의 연결 : 비지배지분이 없는 경우

(4) 비지배지분이 있는 경우 연결

(5) 연결이론의 비교

2. 연결재무제표 작성의 기초

(1) 연결재무제표 작성 과정

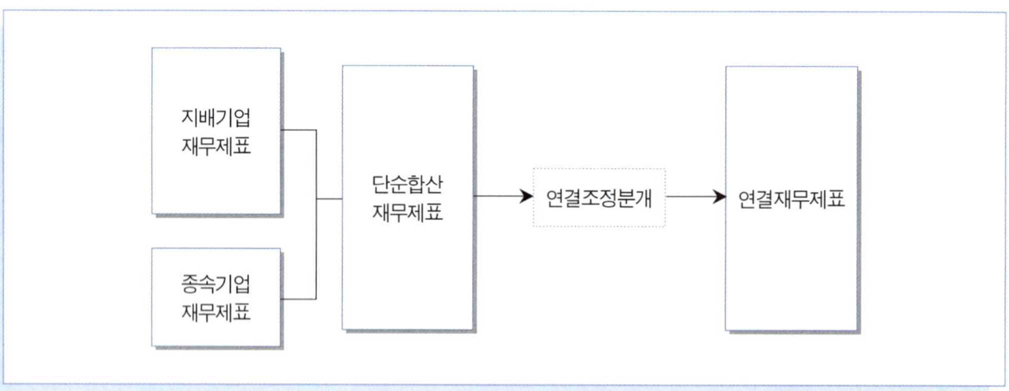

① 단순합산후에 중복되는 항목 제거
투자·자본 상계 제거에 대한 이해 : (예 1)
채권·채무 상계 제거 등의 추가적인 연결조정분개는 4장에서 학습

② 연결조정분개는 지배기업이나 종속기업 개별 장부에 기록하는 것이 아님

③ 연결조정분개는 연결정산표 상에서만 표시되는 조정사항이다.

④ 연결작업은 지배기업 결산일마다 계속 수행해야 함 (종속기업에 대한 지배력 상실때까지)

(2) 연결재무제표 작성을 위한 재무제표의 수정

① 지배기업의 보고기간 종료일과 종속기업 보고기간 종료일이 다른 경우
종속기업이 지배기업의 보고기간 종료일과 동일하게 재무제표 추가 작성
단, 3개월 이내라면

② 종속기업의 회계정책이 연결재무제표의 회계정책과 일치하지 않는 경우
종속기업의 재무제표를 연결재무제표의 회계정책과 일치하도록 수정하여 합산한다.

3. 지배력 취득시점의 연결 - 비지배지분이 없는 경우

(1) 종속기업 순자산의 장부금액과 공정가치가 일치하는 경우

① 종속기업투자의 취득원가 = 종속기업 순자산의 공정가치 (예 2)

과 목	(주)지배	(주)종속	단순합산	연결조정분개		연결 F/S
				차변	대변	
현 금						
종속기업투자						
유형자산						
계	600,000	200,000	800,000			700,000
부 채						
자 본 금						
자본잉여금						
이익잉여금						
계	600,000	200,000	800,000	100,000	100,000	700,000

② 중속기업투자의 취득원가 〉 종속기업 순자산의 공정가치 (예 3)

과 목	(주)지배	(주)종속	단순합산	연결조정분개		연결 F/S
				차변	대변	
현 금						
종속기업투자						
유형자산						
영 업 권						
계	600,000	200,000	800,000			700,000
부 채						
자 본 금						
자본잉여금						
이익잉여금						
계	600,000	200,000	800,000	120,000	120,000	700,000

③ 종속기업투자의 취득원가 〈 종속기업 순자산의 공정가치 (예 4)

과 목	(주)지배	(주)종속	단순합산	연결조정분개		연결 F/S
				차변	대변	
현 금						
종속기업투자						
유형자산						
계	600,000	200,000	800,000			
부 채						
자 본 금						
자본잉여금						
이익잉여금						
계	600,000	200,000	800,000	100,000	100,000	

(2) 종속기업 순자산의 장부금액과 공정가치가 일치하지 않는 경우

① 종속기업투자의 취득원가 〉 종속기업 순자산의 공정가치 (예 5)

과 목	(주)지배	(주)종속	단순합산	연결조정분개		연결 F/S
				차변	대변	
현 금						
종속기업투자						
유형자산						
영 업 권						
계	600,000	200,000	800,000			700,000
부 채						
자 본 금						
자본잉여금						
이익잉여금						
계	600,000	200,000	800,000	120,000	120,000	700,000

② 종속기업투자의 취득원가 〈 종속기업 순자산의 공정가치 (예 5)

과 목	(주)지배	(주)종속	단순합산	연결조정분개		연결 F/S
				차변	대변	
현 금						
종속기업투자						
유형자산						
계	600,000	200,000	800,000			
부 채						
자 본 금						
자본잉여금						
이익잉여금						
계	600,000	200,000	800,000	100,000	100,000	

4. 지배력 취득 이후의 연결 - 비지배지분이 없는 경우

(1) 종속기업 순자산의 장부금액과 공정가치가 일치하는 경우

① 지배력을 취득한 이후 지배기업이 연결재무제표를 작성할 경우에는 재무상태표뿐만 아니라 당기순손익이 표시된 포괄손익계산서도 작성해야 한다.

② 투자주식과 종속기업 자본의 상계제거는 지배력 취득시점을 기준으로 한다.

③ 연결정산표 작성요령

과 목	갑회사	을회사	단순합산	연결조정분개		연결 F/S
				차변	대변	
수 익				−	+	
비 용				+	−	
당기순이익						
자 산				+	−	
계						
부 채				−	+	
자 본				−	+	
계						

Memo

④ 사례 : 예제 2

[물음 2] 20×1년도 연결정산표

과 목	갑회사	을회사	단순합산	연결조정분개		연결 F/S
				차변	대변	
수 익	800,000	200,000				
비 용	(750,000)	(180,000)				
당기순이익	50,000	20,000				
현금·매출채권	70,000	46,000				
재고자산	180,000	50,000				
종속기업투자	200,000	–				
유형자산	600,000	134,000				
영 업 권	–	–				
계	1,050,000	230,000	1,280,000			
부 채	320,000	70,000				
자 본 금	400,000	100,000				
자본잉여금	130,000	20,000				
이익잉여금	200,000	40,000				
계	1,050,000	230,000	1,280,000			

[물음 3] 20×2년도 연결정산표

과 목	갑회사	을회사	단순합산	연결조정분개		연결 F/S
				차변	대변	
수 익	750,000	180,000				
비 용	(710,000)	(164,000)				
당기순이익	40,000	16,000				
현금·매출채권	100,000	68,000				
재고자산	170,000	60,000				
종속기업투자	200,000	–				
유형자산	650,000	128,000				
영 업 권	–	–				
계	1,120,000	256,000	1,376,000			
부 채	350,000	80,000				
자 본 금	400,000	100,000				
자본잉여금	130,000	20,000				
이익잉여금	240,000	56,000				
계	1,120,000	256,000	1,376,000			

Memo

(2) 종속기업 순자산의 장부금액과 공정가치가 일치하지 않는 경우

① 재고자산 차이 : 종속기업이 재고자산을 처분한 연도에 소멸

② 유형자산 중 비상각자산(토지) 차이 : 종속기업이 토지를 처분한 연도에 소멸

③ 유형자산 중 상각자산 차이 : 감가상각이나 처분할 때 소멸

④ 사례 : 예제 3

[물음 2] 20×1년도 연결정산표

과 목	갑회사	을회사	단순합산	연결조정분개		연결 F/S
				차변	대변	
수 익	800,000	220,000				
비 용	(750,000)	(180,000)				
당기순이익	50,000	40,000				
현금·매출채권	70,000	146,000				
재고자산	180,000	50,000				
종속기업투자	200,000	–				
토 지	350,000	–				
건물(순액)	250,000	54,000				
영 업 권	–	–				
계	1,050,000	250,000	1,300,000			
부 채	320,000	70,000				
자 본 금	400,000	100,000				
자본잉여금	130,000	20,000				
이익잉여금	200,000	60,000				
계	1,050,000	250,000	1,300,000			

Memo

[물음 3] 20×2년도 연결정산표

과 목	갑회사	을회사	단순합산	연결조정분개		연결 F/S
				차변	대변	
수 익	750,000	180,000				
비 용	(710,000)	(164,000)				
당기순이익	40,000	16,000				
현금·매출채권	100,000	168,000				
재고자산	170,000	60,000				
종속기업투자	200,000	–				
토 지	400,000	–				
건물(순액)	250,000	48,000				
영 업 권	–	–				
계	1,120,000	276,000	1,396,000			
부 채	350,000	80,000				
자 본 금	400,000	100,000				
자본잉여금	130,000	20,000				
이익잉여금	240,000	76,000				
계	1,120,000	276,000	1,396,000			

⑤ 사례 : 예제 4

[물음 2] 20×1년도 연결정산표

과 목	갑회사	을회사	단순합산	연결조정분개		연결 F/S
				차변	대변	
수 익	750,000	300,000				
비 용	(730,000)	(290,000)				
당기순이익	20,000	10,000				
유동자산	320,000	296,000				
종속기업투자	200,000	–				
토 지	250,000	70,000				
건물(순액)	160,000	54,000				
계	930,000	420,000	1,350,000			
부 채	330,000	200,000				
자 본 금	400,000	150,000				
자본잉여금	80,000	30,000				
이익잉여금	120,000	40,000				
계	930,000	420,000	1,350,000			

Memo

[물음 3] 20×2년도 연결정산표

과 목	갑회사	을회사	단순합산	연결조정분개		연결 F/S
				차변	대변	
수 익	810,000	785,000				
비 용	(785,000)	(770,000)				
당기순이익	25,000	15,000				
유동자산	385,000	417,000				
종속기업투자	200,000	–				
토 지	250,000	–				
건물(순액)	150,000	48,000				
계	985,000	465,000	1,450,000			
부 채	360,000	230,000				
자 본 금	400,000	150,000				
자본잉여금	80,000	30,000				
이익잉여금	145,000	55,000				
계	985,000	465,000	1,450,000			

5. 종속기업의 100% 미만 지분 취득 시 연결 – 비지배지분이 있는 경우

(1) 취득일 현재 비지배지분의 측정 및 지배력 취득시점의 연결

기준서에서는 취득일의 비지배지분을 다음의 두 가지 방법 중 한 가지를 선택하여 측정할 수 있도록 규정하고 있다.

> ① 공정가치
> ② 종속기업 순자산의 공정가치 × 비지배지분율

Memo

계산사례 : 예 6

〈방법 1〉 종속기업 순자산의 공정가치에 비례하는 방법 (부분인식 영업권)

(차)	자본금	(대)	종속기업투자
	이익잉여금		비지배지분
	건물		
	영업권		

〈방법 2〉 공정가치법 (전부인식 영업권)

(차)	자본금	(대)	종속기업투자
	이익잉여금		비지배지분
	건물		
	영업권		

(2) 영업권 손상차손의 인식

① 영업권 손상차손 인식 – 공정가치로 비지배지분 측정 : 보론 예 1

② 영업권 손상차손 인식 – 비례지분으로 비지배지분 측정 : 보론 예 2

(3) 취득일 이후 비지배지분의 변동의 측정 및 지배력 취득 이후의 연결

① 취득일 이후 비지배지분의 변동

> ① 기준서 제1103호에 따라 계산한 최초 사업결합 시점의 비지배지분
> ② 사업결합 이후 종속기업 순자산의 변동 중 비지배지분에 귀속되는 금액

Memo

② 종속기업 순자산의 장부금액과 공정가치가 일치하는 경우 연결 : 예제 7

[물음 2] 20×1년도 연결정산표

과 목	갑회사	을회사	단순합산	연결조정분개		연결 F/S
				차변	대변	
수 익	800,000	200,000				
비 용	(750,000)	(180,000)				
당기순이익	50,000	20,000				
재평가잉여금	–	5,000				
총포괄손익	50,000	25,000				
종속기업투자	180,000	–				
그 외의 자산	870,000	235,000				
영 업 권	–	–				
계	1,050,000	235,000	1,285,000			
부 채	320,000	70,000				
자 본 금	400,000	100,000				
자본잉여금	130,000	20,000				
이익잉여금	200,000	40,000				
재평가잉여금	–	5,000				
비지배지분	–	–				
계	1,050,000	235,000	1,285,000			

[물음 3] 20×2년도 연결정산표

과 목	갑회사	을회사	단순합산	연결조정분개		연결 F/S
				차변	대변	
수 익	750,000	180,000				
비 용	(710,000)	(164,000)				
당기순이익	40,000	16,000				
재평가잉여금	–	(2,000)				
총포괄손익	40,000	14,000				
종속기업투자	180,000	–				
그 외의 자산	940,000	259,000				
영 업 권	–	–				
계	1,120,000	259,000	1,379,000			
부 채	350,000	80,000				
자 본 금	400,000	100,000				
자본잉여금	130,000	20,000				
이익잉여금	240,000	56,000				
재평가잉여금	–	3,000				
비지배지분						
계	1,120,000	259,000	1,379,000			

Memo

③ 종속기업 순자산의 장부금액과 공정가치가 일치하지 않는 경우 연결 : 예 7

④ 비지배지분이 있는 연결재무제표 작성 : 예제 8

[물음 2] 20×1년도 연결정산표

과 목	갑회사	을회사	단순합산	연결조정분개		연결 F/S
				차변	대변	
수 익	800,000	220,000				
비 용	(750,000)	(180,000)				
당기순이익	50,000	40,000				
현금·매출채권	90,000	146,000				
재고자산	180,000	50,000				
종속기업투자	180,000	–				
토 지	350,000	–				
건물(순액)	250,000	54,000				
영 업 권	–	–				
계	1,050,000	250,000	1,300,000			
부 채	320,000	70,000				
자 본 금	400,000	100,000				
자본잉여금	130,000	20,000				
이익잉여금	200,000	60,000				
비지배지분	–	–				
계	1,050,000	250,000	1,300,000			

Memo

[물음 3] 20×2년도 연결정산표

과 목	갑회사	을회사	단순합산	연결조정분개		연결 F/S
				차변	대변	
수 익	750,000	180,000				
비 용	(710,000)	(164,000)				
당기순이익	40,000	16,000				
현금 · 매출채권	120,000	168,000				
재고자산	170,000	60,000				
종속기업투자	180,000	–				
토 지	400,000	–				
건물(순액)	250,000	48,000				
영 업 권	–	–				
계	1,120,000	276,000	1,396,000			
부 채	350,000	80,000				
자 본 금	400,000	100,000				
자본잉여금	130,000	20,000				
이익잉여금	240,000	76,000				
비지배지분						
계	1,120,000	276,000	1,396,000			

Memo

(4) 비지배지분 초과 손실이 있는 경우의 연결 : 실체개념에 영향 받음

① 기준서에서는 비지배지분이 부(−)의 잔액이 되더라도 총포괄손익은 지배기업의 소유주와 비지배지분에 귀속시키도록 규정하고 있다.

② 사례 : 예제 10

[물음 2] 20×1년도 연결정산표

과 목	갑회사	을회사	단순합산	연결조정분개		연결 F/S
				차변	대변	
수 익	300,000	60,000				
비 용	(290,000)	(100,000)				
당기순이익	10,000	(40,000)				
자산(종속기업 투자제외)	370,000	25,000				
종속기업투자	30,000	−				
영 업 권	−	−				
계	400,000	25,000	425,000			
부 채	180,000	30,000				
자 본 금	150,000	20,000				
자본잉여금	20,000	10,000				
이익잉여금	50,000	(35,000)				
비지배지분	−	−				
계	400,000	25,000	425,000			

[물음 3] 20×2년도 연결정산표

과 목	갑회사	을회사	단순합산	연결조정분개		연결 F/S
				차변	대변	
수 익	350,000	90,000				
비 용	(335,000)	(48,000)				
당기순이익	15,000	42,000				
자산(종속기업 투자 제외)	435,000	58,000				
종속기업투자	30,000	–				
영 업 권	–	–				
계	465,000	58,000	523,000			
부 채	230,000	21,000				
자 본 금	150,000	20,000				
자본잉여금	20,000	10,000				
이익잉여금	65,000	7,000				
비지배지분	–	–				
계	465,000	58,000	523,000			

6. 연결이론의 비교

(1) 실체개념

당기순이익으로 인한 순자산 변동 중 비지배지분 해당액

(차)	[ ]	200	(대)	비 지 배 지 분	200

(2) 지배기업개념

당기순이익으로 인한 순자산 변동 중 비지배지분 해당액

(차)	[ ]	200	(대)	비 지 배 지 분	200

7. 보론

(1) **영업권손상차손의 계산**

① 예 1 : 영업권손상차손의 인식 – 공정가치로 비지배지분 측정
종속기업 순자산 장부금액에는 비지배지분에 귀속되는 영업권이 이미 포함되어 있으므로 비지배지분에 해당하는 영업권의 가산조정이 필요하지 않음

② 예 2 : 영업권손상차손의 인식 – 비례지분으로 비지배지분 측정
종속기업 순자산의 회수가능액과 장부금액을 비교하기 위해서는 비지배지분에 귀속될 영업권 해당액을 종속기업 순자산의 장부금액에 가산하는 조정(gross-up)이 필요함

(2) **공정가치로 비지배지분을 측정할 경우의 지배력 취득 후 연결**

① 비지배지분의 취득일의 공정가치 : ₩18,000
취득일의 종속기업 순자산 공정가치 × 비지배지분율 + 비지배지분 귀속 영업권
= ₩170,000 × 10% + ₩1,000

② 영업권 손상이 없는 경우 비지배지분 계산식
비지배지분 = (종속기업 자본 + 종속기업 자산·부채의 BV·FV차이의 조정후 잔액
– 당기말 상향 미실현이익 잔액) × 비지배지분율 + **비지배지분 귀속 영업권**

Memo

(3) 역취득 : 실질우선 (2차)

① 역취득의 의의

이전대가로 지분을 발행하는 기업이 피취득자가 되기도 하는데, 이러한 유형의 사업결합을 역취득이라고 한다.

〈사 례〉 보론 예 4

사업결합전 갑회사 발행주식수 100주(액면금액 ₩3), 을회사 발행주식수 60주(액면금액 ₩10)이었다. 갑회사는 20×1년 9월 30일에 을회사 보통주 1주당 갑회사 보통주 2.5주를 발행하고, 을회사 주주는 자신들이 보유하고 있는 을회사 주식을 모두 갑회사 주식으로 교환한다.

사업결합후 을회사 주주의 갑회사에 대한 지분율 : 150주/250주 = 60%

갑회사 : 법적 취득자, 회계상 피취득자
을회사 : 법적 피취득자, 회계상 취득자

② 이전대가의 측정 : 보론 예 4

③ 주당이익

: 연결재무제표 상 자본구조는 법적 취득자의 자본구조를 반영

④ 비지배지분 : 종속기업 **순자산장부금액** × 비지배지분율

일반적으로 비지배지분은 종속기업 순자산공정가치금액에 비지배지분율을 곱해서 계산하지만 역취득의 경우에는 종속기업의 순자산장부금액에 비지배지분율을 곱하는 것에 유의해야 함(기준서 제1103호 문단 IE13)

Memo

CHAPTER 04

내부거래 및 내부미실현손익

1. 4장의 개요 : 기준서 제1110호

(1) 내부거래 미실현이익 : 전액 제거 (실체 개념)

(2) 재고자산 내부거래

구 분	회계처리					
당기 내부거래제거	(차)	매 출	×××	(대)	매 출 원 가	×××
당기 미실현이익 제거	(차)	매 출 원 가	×××	(대)	재 고 자 산	×××
전기 미실현이익의 실현	(차)	이익잉여금	×××	(대)	매 출 원 가	×××

(3) 유형자산 내부거래 : 비상각자산, 상각자산

(4) 채무상품 내부거래

(5) 기타 내부거래 (배당수령, 채권·채무상계 제거)

2. 내부거래 및 내부미실현손익의 조정

(1) 내부거래 및 내부미실현손익 조정의 필요성

① 내부거래 : 연결실체 내에서 발생한 거래

② 미실현이익 : 내부거래로 인하여 인식한 이익이 보고기간 말 현재 실현되지 않은 이익

③ 미실현이익이 인식될 때 관련 자산도 증가했을 것이므로 기말 현재 자산이 과대계상되어 있다. 미실현이익을 제거할 때 과대계상된 자산도 함께 제거해야 함을 이해해야 한다.

(2) 내부미실현이익의 제거방법

① 용어의 정의

하향판매	지배기업 → 종속기업
상향판매	종속기업 → 지배기업
수평판매	종속기업 → 종속기업

② 내부거래제거

전액 제거 (실체개념)	하향판매	제거되는 손익은 지배기업에 귀속	지배기업 주주에 효과가 미침	비지배지분에 영향없음
	상향판매	제거되는 손익은 종속기업에 귀속	종속기업 주주에 효과가 미침	지배기업과 비지배지분간의 배분필요

③ 내부미실현손실

미실현손실은 무조건 전액 제거하는 개념이 아님에 유의해야 한다.

내부미실현손실이 발생한 경우에는 자산손상에 해당되는지의 여부를 고려하여 자산손상에 해당되지 않는 경우에만 연결조정 과정에서 제거한다.

(3) 내부미실현손익이 있는 경우 비지배지분의 결정

① 상향판매만 비지배지분에 영향

② 사례 : 예 1, 예 2

결론

- 판매유형에 관계없이 미실현이익 ₩30은 전액제거된다.
- 상향판매의 경우에만 미실현이익이 비지배지분에 영향을 미친다. ₩30 × 10% = ₩3

③ 내부거래 학습 시 Tip

'당초에 내부거래가 없었다면 재무제표에 표시되었을 금액'이 되도록 조정한다는 점을 기억

3. 재고자산 내부거래

(1) 재고자산 내부거래의 상계제거

① 도식화

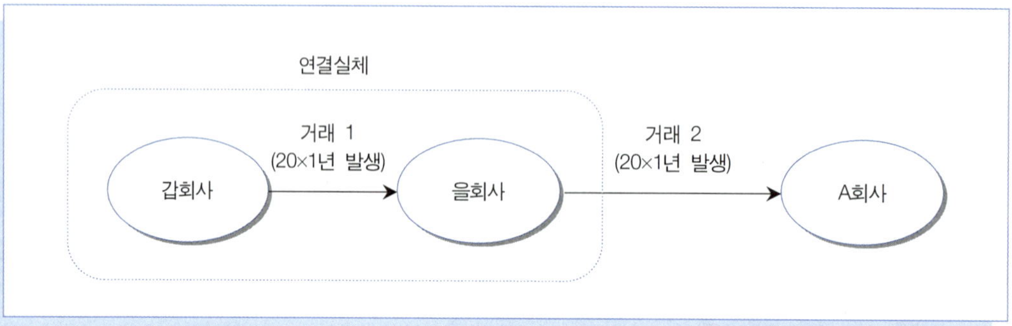

② 사례 : 예 3 (내부거래 상계제거)

〈20×1년 말 연결정산표〉

과 목	㈜지배	㈜종속	단순합산	연결조정분개		연결 F/S
				차변	대변	
매　　출	1,300	1,500				
매출원가	(1,000)	(1,300)				
매출총이익	300	200				
자　　산						
재고자산	–	–				
계	?	?				
부　　채	?	?				
자　　본	?	?				
계	?	?				

(2) 재고자산 내부미실현이익

① 도식화

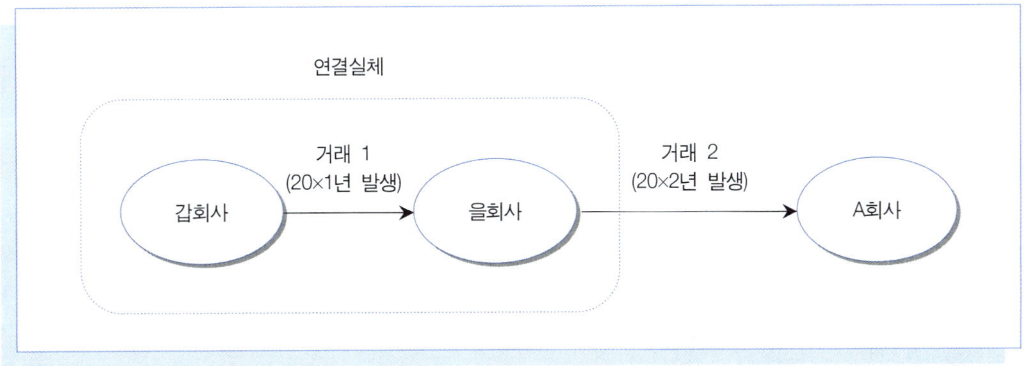

② 사례 : 예 4 (내부거래 미실현이익 · 실현이익)

〈20×1년 말 연결정산표 : 미실현이익〉

과 목	㈜지배	㈜종속	단순합산	연결조정분개		연결 F/S
				차변	대변	
매 출	1,300	–				
매출원가	(1,000)	–				
매출총이익	300	–				
자 산						
재고자산	–	1,300				
계						
부 채	?	?				
자 본 금	?	?				
이익잉여금	300	–				
계						

〈20×2년 말 연결정산표 : 실현이익〉

과 목	㈜지배	㈜종속	단순합산	연결조정분개		연결 F/S
				차변	대변	
매 출	–	1,500				
매출원가	–	(1,300)				
매출총이익	–	200				
자 산						
재고자산	–	–				
계						
부 채	?	?				
자 본 금	?	?				
이익잉여금	300	200				
계						

(3) 재고자산 내부거래 하향판매 : 예제 1

[물음 1] 20×1년도 연결정산표

과 목	갑회사	을회사	단순합산	연결조정분개		연결 F/S
				차변	대변	
매 출	900,000	300,000				
기타수익	240,000	130,000				
매출원가	(750,000)	(230,000)				
기타비용	(310,000)	(180,000)				
당기순이익	80,000	20,000				
현금 · 매출채권	480,000	150,000				
재고자산	290,000	50,000				
종속기업투자	230,000	–				
유형자산	460,000	330,000				
영 업 권	–	–				
계	1,460,000	530,000	1,990,000			
부 채	500,000	250,000				
자 본 금	600,000	200,000				
이익잉여금	360,000	80,000				
비지배지분	–	–				
계	1,460,000	530,000	1,990,000			

Memo

[물음 2] 20×2년도 연결정산표

과 목	갑회사	을회사	단순합산	연결조정분개		연결 F/S
				차변	대변	
매 출	880,000	320,000				
기타수익	200,000	90,000				
매출원가	(730,000)	(240,000)				
기타비용	(290,000)	(147,000)				
당기순이익	60,000	23,000				
현금·매출채권	560,000	193,000				
재고자산	340,000	70,000				
종속기업투자	230,000	—				
유형자산	510,000	340,000				
영 업 권	—	—				
계	1,640,000	603,000	2,243,000			
부 채	620,000	300,000				
자 본 금	600,000	200,000				
이익잉여금	420,000	103,000				
비지배지분	—	—				
계	1,640,000	603,000	2,243,000			

(4) 재고자산 내부거래 상향판매 : 예제 2

[물음 1] 20×1년도 연결정산표

과 목	갑회사	을회사	단순합산	연결조정분개		연결 F/S
				차변	대변	
매 출	900,000	300,000				
기타수익	240,000	130,000				
매출원가	(750,000)	(230,000)				
기타비용	(310,000)	(180,000)				
당기순이익	80,000	20,000				
현금·매출채권	480,000	150,000				
재고자산	290,000	50,000				
종속기업투자	230,000	—				
유형자산	460,000	330,000				
영 업 권	—	—				
계	1,460,000	530,000	1,990,000			
부 채	500,000	250,000				
자 본 금	600,000	200,000				
이익잉여금	360,000	80,000				
비지배지분	—	—				
계	1,460,000	530,000	1,990,000			

Memo

[물음 2] 20×2년도 연결정산표

과 목	갑회사	을회사	단순합산	연결조정분개		연결 F/S
				차변	대변	
매 출	880,000	320,000				
기타수익	200,000	90,000				
매출원가	(730,000)	(240,000)				
기타비용	(290,000)	(147,000)				
당기순이익	60,000	23,000				
현금·매출채권	560,000	193,000				
재고자산	340,000	70,000				
종속기업투자	230,000	–				
유형자산	510,000	340,000				
영 업 권	–	–				
계	1,640,000	603,000	2,243,000			
부 채	620,000	300,000				
자 본 금	600,000	200,000				
이익잉여금	420,000	103,000				
비지배지분	–	–				
계	1,640,000	603,000	2,243,000			

(5) 내부미실현손실 : 예제 4

4. 유형자산 내부거래

(1) 비상각자산의 미실현이익

토지의 내부거래로부터 발생한 미실현이익은 당해 토지를 연결실체의 외부에 매각하는 보고기간의 직전 보고기간 말까지 연결재무제표 작성과정에서 계속 제거하는 연결조정분개를 해야 한다.

Memo

① 사례 : 예제 7 물음 1 하향판매

〈20×1년 말 연결정산표 : 미실현이익〉

과 목	(주)지배	(주)종속	단순합산	연결조정분개		연결 F/S
				차변	대변	
처분이익	5,000	–				
당기순이익	?	50,000				
자 산						
현 금	15,000	?				
토 지	–	15,000				
계	?	?				
부 채	?	?				
자 본 금	?	?				
이익잉여금	5,000	50,000				
비지배지분	–	–				
계	?	?				

〈20×2년 말 연결정산표 : 미실현이익〉

과 목	(주)지배	(주)종속	단순합산	연결조정분개		연결 F/S
				차변	대변	
처분이익	–	–				
당기순이익	?	60,000				
자 산						
현 금	?	?				
토 지	–	15,000				
계	?	?				
부 채	?	?				
자 본 금	?	?				
이익잉여금	5,000	110,000				
비지배지분	–	–				
계	?	?				

Memo

〈20×3년 말 연결정산표 : 실현이익〉

과 목	(주)지배	(주)종속	단순합산	연결조정분개		연결 F/S
				차변	대변	
처분이익	–	3,000				
당기순이익	?	70,000				
자 산						
현 금	?	18,000				
토 지	–	–				
계	?	?				
부 채	?	?				
자 본 금	?	?				
이익잉여금	5,000	180,000				
비지배지분	–	–				
계	?	?				

② 사례 : 예제 7 물음 2 상향판매

〈20×1년 말 연결정산표 : 미실현이익〉

과 목	(주)지배	(주)종속	단순합산	연결조정분개		연결 F/S
				차변	대변	
처분이익	–	5,000				
당기순이익	?	50,000				
자 산						
현 금	?	15,000				
토 지	15,000	–				
계	?	?				
부 채	?	?				
자 본 금	?	?				
이익잉여금	?	50,000				
비지배지분	–	–				
계	?	?				

Memo

〈20×2년 말 연결정산표 : 미실현이익〉

과 목	(주)지배	(주)종속	단순합산	연결조정분개		연결 F/S
				차변	대변	
처분이익	–	–				
당기순이익	?	60,000				
자 산						
현 금	?	?				
토 지	15,000	–				
계	?	?				
부 채	?	?				
자 본 금	?	?				
이익잉여금	?	110,000				
비지배지분	–	–				
계	?	?				

〈20×3년 말 연결정산표 : 실현이익〉

과 목	(주)지배	(주)종속	단순합산	연결조정분개		연결 F/S
				차변	대변	
처분이익	3,000	–				
당기순이익	?	70,000				
자 산						
현 금	18,000	?				
토 지	–	–				
계	?	?				
부 채	?	?				
자 본 금	?	?				
이익잉여금	3,000	180,000				
비지배지분	–	–				
계	?	?				

Memo

(2) 상각자산의 미실현이익

상각자산의 경우에는 당해 자산을 연결실체 외부로 매각하지 않더라도 감가상각비를 통해서 미실현이익 중 일정 금액이 매년 실현되는 특징이 있다.

① 사례 : 예 5 (하향판매)

② 기계장치 내부거래 예제 9 물음 1 하향판매

〈20×1년 말 연결정산표 : 미실현이익, 일부 실현이익〉

과 목	(주)지배	(주)종속	단순합산	연결조정분개		연결 F/S
				차변	대변	
처분이익	10,000	–				
감가상각비		12,500				
당기순이익	?	100,000				
자 산						
현 금	50,000	?				
기계장치	–	50,000				
감누	–	(12,500)				
계	?	?				
부 채	?	?				
자 본 금	?	?				
이익잉여금	10,000	100,000				
비지배지분	–	–				
계	?	?				

Memo

〈20×2년 말 연결정산표 : 일부 실현이익〉

과 목	(주)지배	(주)종속	단순합산	연결조정분개		연결 F/S
				차변	대변	
처분이익	–	–				
감가상각비		12,500				
당기순이익	?	110,000				
자 산						
현 금	?	?				
기계장치	–	50,000				
감누	–	(25,000)				
계	?	?				
부 채	?	?				
자 본 금	?	?				
이익잉여금	10,000	210,000				
비지배지분	–	–				
계	?	?				

〈20×3년 말 연결정산표 : 실현이익〉

과 목	(주)지배	(주)종속	단순합산	연결조정분개		연결 F/S
				차변	대변	
처분이익	–	5,000				
감가상각비		–				
당기순이익	?	120,000				
자 산						
현 금	?	30,000				
기계장치	–	–				
감누	–	–				
계	?	?				
부 채	?	?				
자 본 금	?	?				
이익잉여금	10,000	330,000				
비지배지분	–	–				
계	?	?				

Memo

③ 기계장치 내부거래 예제 9 물음 3 상향판매

〈20×1년 말 연결정산표 : 미실현이익, 일부 실현이익〉

과 목	(주)지배	(주)종속	단순합산	연결조정분개		연결 F/S
				차변	대변	
처분이익	–	10,000				
감가상각비	12,500	–				
당기순이익	?	100,000				
자 산						
현 금		50,000				
기계장치	50,000	–				
감누	(12,500)	–				
계	?	?				
부 채	?	?				
자 본 금	?	?				
이익잉여금	?	100,000				
비지배지분	–	–				
계	?	?				

〈20×2년 말 연결정산표 : 일부 실현이익〉

과 목	(주)지배	(주)종속	단순합산	연결조정분개		연결 F/S
				차변	대변	
처분이익	–	–				
감가상각비	12,500	–				
당기순이익	?	110,000				
자 산						
현 금	?	?				
기계장치	50,000	–				
감누	(25,000)	–				
계	?	?				
부 채	?	?				
자 본 금	?	?				
이익잉여금	?	210,000				
비지배지분	–	–				
계	?	?				

〈20×3년 말 연결정산표 : 실현이익〉

과 목	(주)지배	(주)종속	단순합산	연결조정분개		연결 F/S
				차변	대변	
처분이익	5,000	–				
감가상각비	–					
당기순이익	?	120,000				
자 산						
현 금	30,000	?				
기계장치	–	–				
감누	–	–				
계	?	?				
부 채	?	?				
자 본 금	?	?				
이익잉여금	?	330,000				
비지배지분	–	–				
계	?	?				

5. 채무상품 내부거래 (2차)

(1) 금융자산과 금융부채의 장부금액이 동일한 경우 : 예제 10

① 도식화

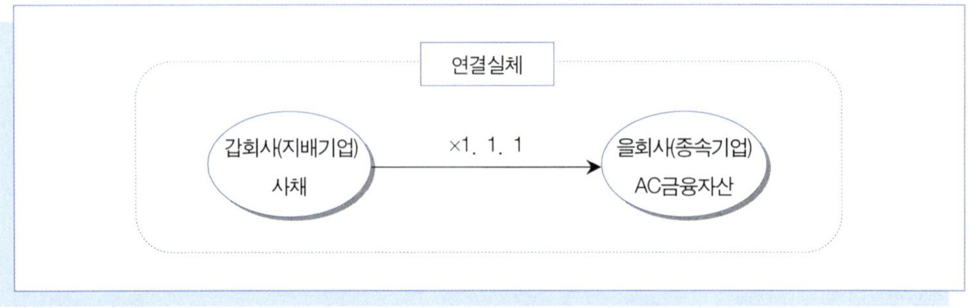

② 일자별 회계처리

일 자	갑회사	을회사
×1. 1. 1	(차) 현 금 900,514 사채할인발행차금 99,486 (대) 사 채 1,000,000	(차) A C 금 융 자 산 900,514 (대) 현 금 900,514
×1.12.31	(차) 이 자 비 용 90,051 (대) 현 금 60,000 사채할인발행차금 30,051	(차) 현 금 60,000 A C 금 융 자 산 30,051 (대) 이 자 수 익 90,051
×2.12.31	(차) 이 자 비 용 93,057 (대) 현 금 60,000 사채할인발행차금 33,057	(차) 현 금 60,000 A C 금 융 자 산 33,057 (대) 이 자 수 익 93,057
×3.12.31	(차) 이 자 비 용 96,378 (대) 현 금 60,000 사채할인발행차금 36,378 (차) 사 채 1,000,000 (대) 현 금 1,000,000	(차) 현 금 60,000 A C 금 융 자 산 36,378 (대) 이 자 수 익 96,378 (차) 현 금 1,000,000 (대) A C 금 융 자 산 1,000,000

Memo

(2) 금융자산과 금융부채의 장부금액이 동일하지 않은 경우 : 예제 11

① 도식화

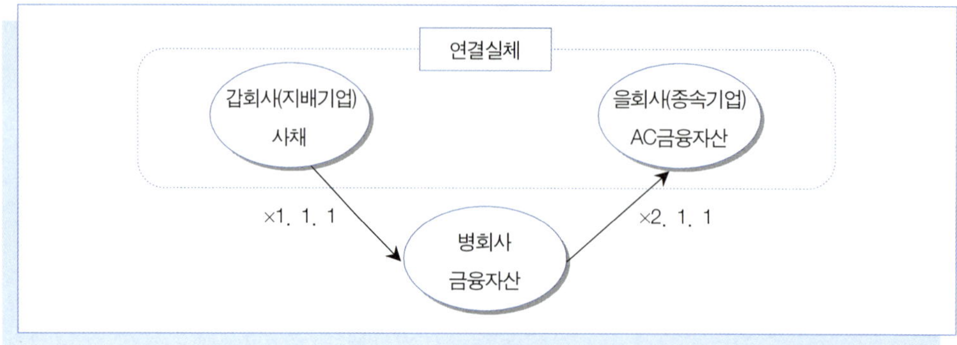

② 일자별 회계처리

일 자	갑회사	을회사
×1. 1. 1	(차) 현 금 873,202 사채할인발행차금 126,798 (대) 사 채 1,000,000	-회계처리 없음-
×1.12.31	(차) 이 자 비 용 87,320 (대) 현 금 60,000 사채할인발행차금 27,320	-회계처리 없음-
×2. 1. 1	-회계처리 없음-	(차) A C 금 융 자 산 948,456 (대) 현 금 948,456
×2.12.31	(차) 이 자 비 용 90,052 (대) 현 금 60,000 사채할인발행차금 30,052	(차) 현 금 60,000 A C 금 융 자 산 15,876 (대) 이 자 수 익 75,876
×3.12.31	(차) 이 자 비 용 93,057 (대) 현 금 60,000 사채할인발행차금 33,057	(차) 현 금 60,000 A C 금 융 자 산 17,147 (대) 이 자 수 익 77,147
×4.12.31	(차) 이 자 비 용 96,369 (대) 현 금 60,000 사채할인발행차금 36,369 (차) 사 채 1,000,000 (대) 현 금 1,000,000	(차) 현 금 60,000 A C 금 융 자 산 18,521 (대) 이 자 수 익 78,521 (차) 현 금 1,000,000 (대) A C 금 융 자 산 1,000,000

Memo

(3) 사채상환손익의 귀속에 대한 논의

사채발행회사가 지배기업	하향판매
사채발행회사가 종속기업	상향판매

(4) 채무상품 내부거래 유의할 점

	내부거래	발생	소멸
장부에 이미 인식한 미실현이익을 제거	재고자산 미실현이익	△유보	추인 (유보)
	유형자산 미실현이익	△유보	추인 (유보)
장부에 인식하지 않은 사채상환이익을 인식	사채상환이익	유보	추인 (△유보)

6. 기타의 내부거래

(1) 배당금 수령 및 지급

① 지배회사 현금배당 수령분

(차) 배 당 금 수 익		(대) 이 익 잉 여 금	

② 비지배지분 현금배당 수령분

(차) 비 지 배 지 분		(대) 이 익 잉 여 금	

③ 배당지급 다음연도 연결 시 비지배지분 영향분 조정 : 예제 12

지배력 취득시점부터 당기초까지 종속기업의 순자산 변동 중 비지배지분 해당액

(차) 이 익 잉 여 금	7,000	(대) 비 지 배 지 분	7,000

* (×1년 당기순이익 − ×1년분 현금배당(×2년에 지급) + ×2년 당기순이익) × 비지배지분율

④ 주식배당의 내부거래 : 예제 12

(2) 기타 내부거래 및 채권·채무 상계제거

① 매출채권과 매입채무 상계제거시
매출채권을 계상한 기업이 해당 매출채권에 대해서 대손충당금을 인식했다면 대손충당금도 제거
매출에 대해서 제품보증충당부채도 인식했다면 동 충당부채도 제거

② 매출채권을 보유한 기업이 해당 금융자산을 양도했을 경우
금융자산을 양도한 기업이 이를 개별 장부에 매각거래로 회계처리했든 차입거래로 회계처리했든 관계없이 연결재무제표에는 모두 차입거래로 표시된다.

③ 사례 : 예제 13

[물음 1]

과 목	갑회사	을회사	단순합산	연결조정분개		연결 F/S
				차변	대변	
자 산						
매출채권	100,000	−				
계						
부 채						
매입채무	−	100,000				
계						

[물음 2]

과 목	갑회사	을회사	단순합산	연결조정분개		연결 F/S
				차변	대변	
수 익						
비 용	5,000					
당기순이익						
자 산						
현 금	95,000					
매출채권	100,000	–				
계						
부 채						
매입채무	–	100,000				
차 입 금	100,000	–				
계						

[물음 3]

과 목	갑회사	을회사	단순합산	연결조정분개		연결 F/S
				차변	대변	
수 익						
비 용	5,000					
당기순이익						
자 산						
현 금	95,000					
매출채권	–	–				
계						
부 채						
매입채무	–	100,000				
차 입 금	–	–				
계						

〈연결재무제표에 표시될 주요 계정 금액의 결정과정〉

연결포괄손익계산서의 당기순이익
= 지배기업 당기순이익
− 지배기업 당기순이익에 포함되어 있는 종속기업으로부터 수령한 배당금수익
− 당기 영업권 손상차손 + 염가매수차익(취득연도만 발생)
− 당기발생 하향 미실현이익 + 전기 미실현이익 중 당기 하향 실현이익
+ 종속기업 당기순이익
− 종속기업 자산·부채의 BV·FV차이의 당기분 조정
− 당기발생 상향 미실현이익 + 전기 미실현이익 중 당기 상향 실현이익

연결재무상태표의 이익잉여금
= 지배기업 이익잉여금
− 영업권 손상차손 누계액 + 염가매수차익
− 당기말 하향 미실현이익 잔액
± 지배력 취득일 이후 종속기업 이익잉여금 변동액×지배기업 지분율
− 종속기업 자산·부채의 BV·FV차이의 조정누계액×지배기업 지분율
− 당기말 상향 미실현이익 잔액×지배기업 지분율

비지배지분 귀속 당기순손익
= (종속기업 당기순손익 − 종속기업 자산·부채의 BV·FV 차이의 당기분 조정
− 당기발생 상향 미실현이익 + 전기 미실현이익 중 당기 상향 실현이익)×비지배지분율

비지배지분
= (종속기업 자본 + 종속기업 자산·부채의 BV·FV차이의 조정후 잔액
− 당기말 상향 미실현이익 잔액)×비지배지분율

또는

비지배지분
= (취득일 현재 종속기업 순자산의 FV + 취득일 이후 종속기업 순자산 변동액
− 취득일 이후 종속기업 순자산의 BV·FV차이조정 누계액−당기말 상향 미실현이익 잔액)
×비지배지분율

참고

1. 미실현(유보 발생) → 실현(유보 추인)
2. 유보 발생(미실현) vs 유보 잔액(미실현 잔액)
3. 재무상태표(정태적, 잔액), 포괄손익계산서(동태적, 변동분)

객관식 문제 풀이

CHAPTER 05 지배기업 지분율의 변동

1. 5장의 개요 : 기준서 제1103호, 제1110호

(1) 종속기업 지분의 단계적 취득과 보고기간 중 취득

(2) 종속기업투자의 매각

(3) 종속기업의 증자 및 감자가 있는 경우 연결

(4) 종속기업의 자기주식 취득 또는 처분

2. 종속기업 지분의 단계적 취득과 보고기간 중 취득

(1) 단계적 취득 과정

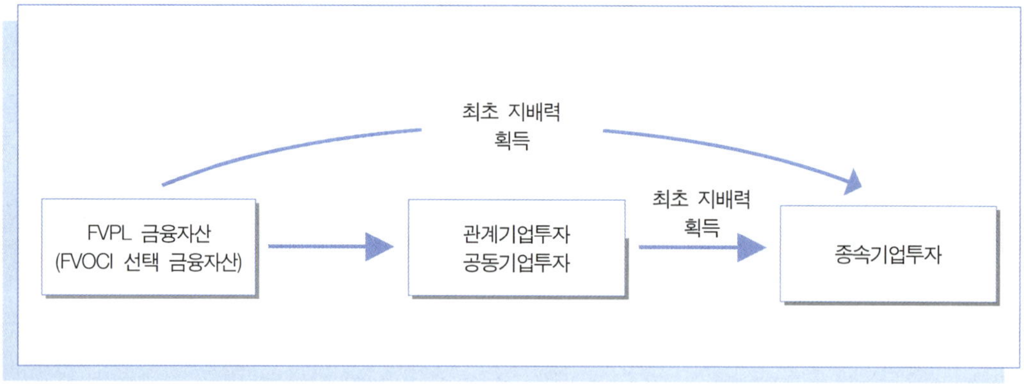

Memo

(2) 단계적 취득 시 연결

> 단계적 취득 시 영업권(일괄법 적용)
> = (이전에 취득하여 보유하고 있던 지분의 취득일의 공정가치 + 추가 취득지분의 취득원가)
> − 지배력 취득일의 종속기업 순자산의 공정가치 × 일괄취득 지분율

(3) 사례 : 예제 1 (종속기업의 단계적 취득)

(4) 지배력 취득 후 종속기업 지분의 추가 취득

① 연결실체 간의 자본거래에 해당되기 때문에 여기에서 발생한 차액은 영업권이 아니라 자본잉여금에서 조정한다.

② 사례 : 예제 2 (종속기업 취득 후 추가지분 취득)

(5) 사례 : 예제 3 (종속기업 순자산 BV와 FV가 다른 경우)

연결재무제표에 반영되는 종속기업 순자산의 장부금액과 공정가치의 차이는 지배력을 취득하는 시점에 존재하는 차이에 국한하며, 추가 취득 등으로 인해 지배기업의 지분율이 증가하는 경우마다 그 시점에 존재하는 순자산의 장부금액과 공정가치 차이를 식별해야 하는 것은 아니다.

(6) 보고기간 중 지배력의 취득 : 예제 4

지배력을 취득하는 시점부터 지배력을 상실하기 전까지 발생한 종속기업 수익과 비용을 연결재무제표에 포함한다(1110:B88).

Memo

3.1 종속기업투자를 매각한 후에도 지배력을 계속 보유하는 경우

(1) 연결실체의 관점에서 자산의 처분거래가 아니라 자본거래로 분류

(2) 지배기업이 종속기업투자를 일부 매각하면서 개별 장부에 인식한 종속기업투자처분손익이 있다면, 연결재무제표를 작성할 때 자본잉여금으로 대체하는 연결조정분개를 함

(차) 처 분 이 익	×××(1)	(대) 자 본 잉 여 금	×××

(1) 종속기업투자 처분 시 처분이익 발생가정

(3) 지배기업이 종속기업투자를 일부 매각하면서 개별 장부에 감액했던 종속기업투자 감소액을 연결조정분개 시 차변으로 증가시키고 비지배지분을 대변으로 증가시키는 연결조정분개가 필요함. 이 경우 두 금액이 일치하지 않는 경우 차액을 자본잉여금으로 조정함

(차) 종 속 기 업 투 자	×××(1)	(대) 비 지 배 지 분	×××
		자 본 잉 여 금	×××(2)

(1) 투자·자본 상계제거 시 취득시점의 종속기업투자를 대변으로 제거하기 때문에 일부 매각으로 지배기업 개별 장부에 감액된 종속기업투자를 다시 증가시켜주는 것임. 연결재무상태표에 종속기업투자를 '0'으로 만들기 위함

(2) 차액이 대변에 발생한다고 가정

(4) 종속기업투자 계정에 포함되어 있는 영업권 일부 제거여부

① 기준서에서는 지배력을 상실하는 경우에 영업권을 제거하도록 명시적으로 규정

② 종속기업투자 일부 매각 후에도 지배력을 유지하는 경우에는 영업권 일부 제거에 대한 명시적인 규정이 없음

③ 매각 후에도 지배력을 유지한다면 영업권을 제거할 이유가 없다고 판단되고 이후에 영업권 손상검사를 통해서 영업권을 감액함으로써 해결할 수 있다고 봄

(5) 사례 : 예제 5

Memo

3.2 보고기간 초에 지배력 상실

(1) 기준서 제1110호 문단 B98 : 기본서 p.429

(2) 기준서 제1110호 문단 B98과 동일한 처분이익을 반영하기 위해 아래와 같이 접근

① 종속기업투자를 원가법이 아닌 지분법으로 회계처리
과거 종속기업 당기순이익을 종속기업투자주식에 반영하면서 이익잉여금을 증가시킴

② 지분법으로 평가된 종속기업투자 금액으로 처분이익 반영

(3) 종속기업투자를 일부 매각하여 지배력 상실

① 일부 매각 후 보유하는 지분에 대해서 유의적인 영향력이 있는 경우
잔여 지분을 처분시점에 공정가치로 측정하고 관계기업투자로 분류하여 지분법으로 회계처리

② 일부 매각 후 보유하는 지분에 대해서 유의적인 영향력이 없는 경우
잔여 지분을 처분시점에 공정가치로 측정하고 FVPL 금융자산 또는 FVOCI 선택 금융자산으로 분류하여 공정가치법으로 회계처리

(4) **예 1 : 20×2년 초 종속기업투자 처분 시 회계처리**

(차)	종속기업투자	2,400	(대)	이익잉여금	2,400[1]

(1) 20×1년 지분법이익을 20×2년에 처분 시 반영하게 되어 이익잉여금을 증가시킴

(차)	현금	63,000	(대)	종속기업투자	62,400
				처분이익	600

(5) **예 2 : 20×2년 초 종속기업투자 처분 시 회계처리**

(차)	종속기업투자	2,400	(대)	이익잉여금	2,400
(차)	현금	57,000	(대)	종속기업투자	62,400
	FVPL 금융자산	6,000		처분이익	600

Memo

3.3 보고기간 중에 지배력 상실

(1) 기준서 제1110호 문단 B88

지배력을 취득하는 시점부터 지배력을 상실하기 전까지 종속기업의 수익과 비용을 연결재무제표에 포함

(2) 처분 시점까지 종속기업 수익과 비용 합산

(차)	비용	××× (1)	(대)	수익	××× (1)
	종속기업투자	××× (2)			
	이익잉여금	××× (3)			

(1) 보고기간 초부터 지배력 상실시점까지 발생한 종속기업의 수익과 비용
(2) 지배력 상실시점까지 당기순이익×지배기업지분율
(3) 지배력 상실시점까지 당기순이익×비지배지분율

(3) 지배력 상실시점까지 지분법으로 평가된 종속기업투자 금액으로 처분손익 반영

(4) 예 3 : 20×2년 6월 30일 종속기업투자 처분 시 회계처리

(차)	종속기업투자	2,400	(대)	이익잉여금	2,400 (1)

(1) 20×1년 지분법이익을 20×2년에 처분 시 반영하게 되어 이익잉여금을 증가시킴

(차)	비용	98,000	(대)	수익	100,000
	종속기업투자	1,600			
	이익잉여금	400			

(차)	현금	65,000	(대)	종속기업투자	64,000
				처분이익	1,000

Memo

3.4 종속기업 지분이 매각예정 분류기준 충족 시

(1) 보고기간 말 현재 종속기업투자를 아직 매각완료하지 않았다면 그 종속기업을 포함하여 연결재무제표 작성

(2) 그 종속기업의 모든 자산과 부채를 매각예정비유동자산과 관련 부채로 분류

(3) 매각예정비유동자산을 순공정가치와 장부금액 중 작은 금액으로 측정

3.5 잠재적 의결권이 실질적인 권리로 판단되어 지배력 취득 또는 상실

(1) 예 4 : 잠재적 의결권의 행사가능성 변동 – 지배력 취득

(2) 예 5 : 잠재적 의결권의 행사가능성 변동 – 지배력 상실

3.6 복수 약정에 의한 지배력의 상실

(1) 실질 우선의 회계처리

(2) 다음의 상황 중 하나 이상에 해당하면 지배기업은 복수 약정을 단일거래로 회계처리

① 복수 약정을 동시에 체결하거나 서로를 고려하여 체결함
② 복수 약정이 전반적인 상업적 효과를 달성하기 위하여 설계된 단일 거래를 구성함
③ 하나의 약정의 체결은 적어도 다른 하나의 약정의 체결에 의존함
④ 하나의 약정이 그 체결로서는 경제적으로 정당화되지 못하지만 다른 약정과 함께 고려할 때 경제적으로 정당화됨

(3) 예제 6 : 복수 약정에 의한 지배력의 상실

Memo

4. 종속기업의 증자 또는 감자

(1) 종속기업의 증자

종속기업이 유상증자를 할 때 주당 발행가액이 증자 직전 주당 순자산의 장부금액과 같거나, 기존 주주의 지분율에 비례하여 증자를 할 경우 증자로 인한 지배기업의 종속기업에 대한 지분 변동액은 증자 시 납입금액과 동일함

(2) 유상증자로 인한 지배기업 지분율 변동 상황별 정리

지배기업 지분율	개 념	차액	주 의
증가	주식의 추가취득	자본잉여금으로처리	영업권 등 인식못함
불변	–	–	–
감소	주식의 처분(지배력은 유지)	자본잉여금으로처리	처분손익 인식못함

(3) 사례 : 예제 7

① 물음 2 유상증자 시 비지배지분 변동액 계산

₩400,000 × 20% = ₩80,000 증가

② 물음 3 유상증자 시 비지배지분 변동액 계산

₩400,000 × 16% = ₩64,000 증가

₩280,000 × (4%/20%) = ₩56,000 감소

③ 물음 4 유상증자 시 비지배지분 변동액 계산

₩400,000 × 36% = ₩144,000 증가

₩280,000 × (16%/20%) = ₩224,000 증가

Memo

(4) 종속기업의 감자

주당 감자금액이 감자 직전 주당 순자산의 장부금액과 같거나 기존 주주의 지분율에 비례하여 감자를 할 경우, 유상감자로 인한 지배기업의 종속기업에 대한 지분 변동액은 감자 시 수취금액과 동일함

(5) 유상감자로 인한 지배기업 지분율 변동 상황별 정리

지배기업 지분율	개 념	차액	주 의
증가	주식의 추가취득	자본잉여금으로처리	영업권 등 인식못함
불변	–	–	–
감소	주식의 처분(지배력은 유지)	자본잉여금으로처리	처분손익 인식못함

(6) 사례 : 예제 8

① 물음 2 유상감자 시 비지배지분 변동액 계산

(–)₩400,000 × 20% = (–)₩80,000 감소

② 물음 3 유상감자 시 비지배지분 변동액 계산

(–)₩400,000 × 24% = (–)₩96,000 감소

₩360,000 × (4%/20%) = ₩72,000 증가

③ 물음 4 유상감자 시 비지배지분 변동액 계산

(–)₩400,000 × 4% = (–)₩16,000 감소

₩360,000 × (16%/20%) = ₩288,000 감소

Memo

5.1 종속기업의 자기주식 취득

(1) 종속기업이 비지배주주로부터 주식을 취득 (종속기업의 자기주식)

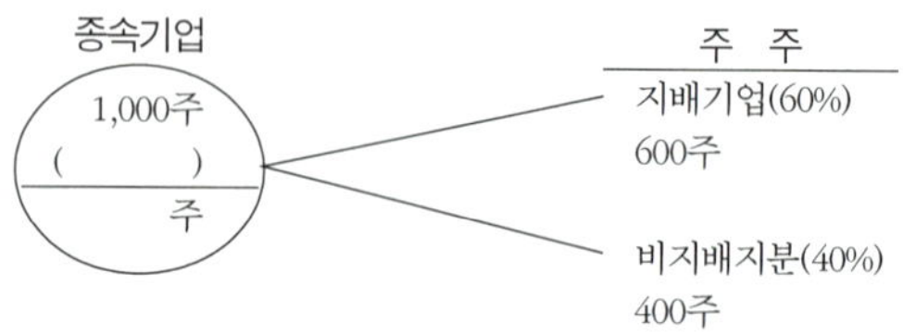

(2) 비지배지분율 감소

(3) 자기주식과 비지배지분을 감소시키는 연결조정분개

(4) 자기주식 취득일 현재 주당 장부금액과 다른 금액으로 자기주식을 취득할 경우 자기주식과 비지배지분 감소 금액이 일치하지 않으므로 그 차이를 자본잉여금에서 조정함

(5) 예제 9 : 종속기업의 자기주식 취득 시 연결

① 물음 1 자기주식을 주당 ₩1,600에 취득 시 비지배지분 변동액 계산
(−)₩400,000 × 20% = (−)₩80,000 감소
₩640,000 × (20%/40%) = ₩320,000 감소

② 물음 2 자기주식을 주당 ₩2,000에 취득 시 비지배지분 변동액 계산
(−)₩500,000 × 20% = (−)₩100,000 감소
₩640,000 × (20%/40%) = ₩320,000 감소

③ 물음 3 자기주식을 주당 ₩1,200에 취득 시 비지배지분 변동액 계산
(−)₩300,000 × 20% = (−)₩60,000 감소
₩640,000 × (20%/40%) = ₩320,000 감소

Memo

5.2 종속기업의 자기주식 처분

(1) 종속기업이 비지배주주에게 자기주식을 처분

(2) 비지배지분율 증가

(3) 자기주식과 비지배지분을 증가시키는 연결조정분개

(4) 자기주식의 주당 처분금액이 처분일 현재 주당 장부금액과 다를 경우 자기주식 처분으로 수령한 현금과 비지배지분 증가 금액이 일치하지 않으므로 그 차이를 자본잉여금에서 조정함

(5) 예제 10 : 종속기업의 자기주식 처분 시 연결

① 물음 1 자기주식을 주당 ₩1,375에 처분 시 비지배지분 변동액 계산

₩275,000 × 36% = ₩99,000 증가

₩220,000 × (16%/20%) = ₩176,000 증가

② 물음 2 자기주식을 주당 ₩2,000에 처분 시 비지배지분 변동액 계산

₩400,000 × 36% = ₩144,000 증가

₩220,000 × (16%/20%) = ₩176,000 증가

③ 물음 3 자기주식을 주당 ₩1,000에 처분 시 비지배지분 변동액 계산

₩200,000 × 36% = ₩72,000 증가

₩220,000 × (16%/20%) = ₩176,000 증가

Memo

CHAPTER 06

연결의 기타 사항

1. 6장의 개요 : 기준서 제1103호, 제1110호, 제1021호

(1) 다양한 지배·종속 관계에서의 연결

(2) 이연법인세를 고려한 연결

(3) 연결주당이익

(4) 연결현금흐름표

(5) 연결실체 내 기업의 주식기준보상거래

Memo

2. 다양한 지배·종속 관계에서의 연결

(1) 부자손자형 지배·종속 관계의 연결

① 도식화

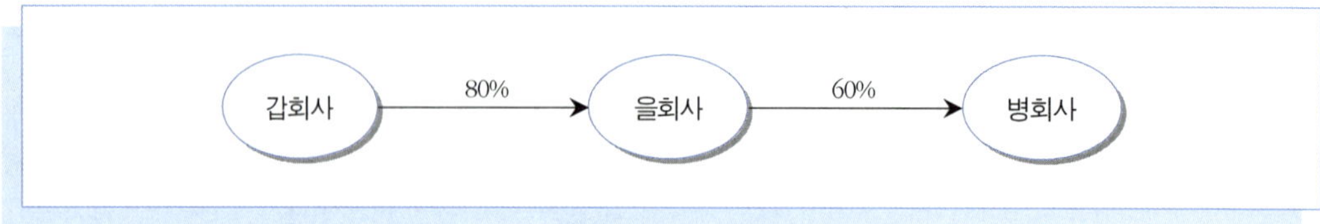

② 사례 : 예제 1 (간접지배의 연결)

Memo

(2) 직접지배와 부자손자형이 혼합된 지배·종속 관계의 연결

① 도식화

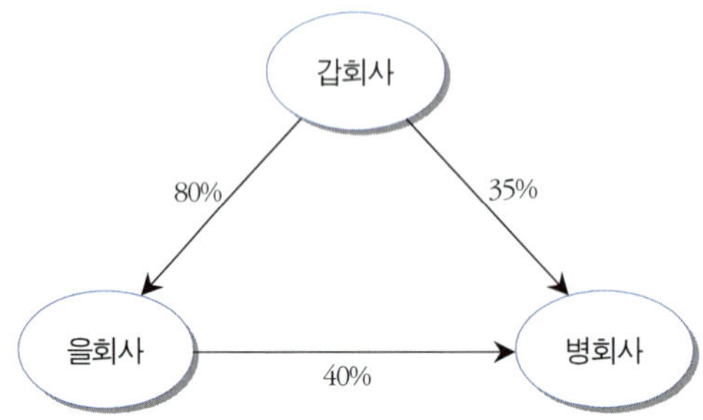

② 사례 : 예제 2 (직접지배와 간접지배의 혼합형 연결재무제표)

Memo

(3) 상호소유

① 도식화

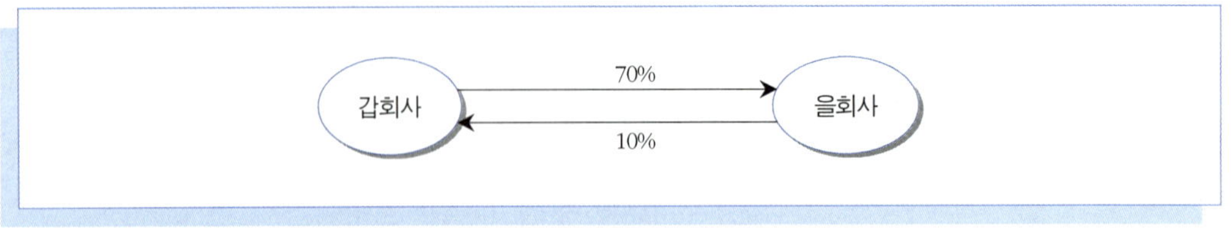

② 사례 : 예제 3 (상호소유)

Memo

(4) 상호소유와 간접지배의 복합형

① 도식화

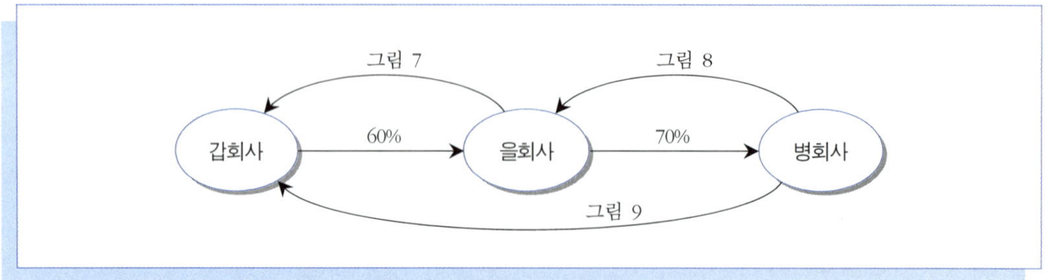

② 사례 : 예제 4 (상호소유와 간접지배(1))

Memo

③ 사례 : 예제 5 (상호소유와 간접지배(2))

Memo

(5) 순환지배

사례 : 예제 6 (순환지배)

Memo

3. 이연법인세를 고려한 연결

(1) 일시적차이가 발생하는 경우

> ① 종속기업투자와 종속기업 자본의 상계제거 (종속기업 순자산의 세무기준액과 공정가치가 다른 경우)
> ② 내부거래 미실현이익의 제거

(2) 일시적차이에 대한 이연법인세 인식에 적용할 세율

일시적차이	적용 세율
종속기업 순자산의 세무기준액과 공정가치가 다른 경우	종속기업 세율
하향거래 미실현이익	종속기업 세율
상향거래 미실현이익	지배기업 세율

(3) 종속기업투자와 종속기업 자본의 상계제거 시 일시적차이의 고려

① 영업권에 대해서는 이연법인세부채를 인식하지 않는다.

② 사례 : 예제 7 (일시적차이를 고려한 연결(1))

(4) 연결에서 법인세효과를 반영하는 논리

① 지배·종속 F/S 합산 : 지배기업 NI(세후) + 종속기업 NI(세후)

② 연결조정분개 { 2단계 : 상각(세전) / 3단계 : 미실현이익(세전) } 논리적으로 법인세효과를 고려

연결 NI(세후)

(5) 내부미실현이익에 대한 일시적차이의 고려 : 예제 8

① 재고자산 내부거래로 기말에 미실현이익이 재고자산에 가산되어 있는 경우

② 연결재무제표에서는 재고자산에 가산되어 있는 미실현이익을 제거

③ 재고자산의 세무기준액은 미실현이익이 포함되어 있음

④ 일시적차이(유보) 발생 → 이연법인세자산 인식

⑤ 적용 세율은 재고자산을 보유하고 있는 기업의 세율적용
즉, 하향거래는 종속기업 세율, 상향거래는 지배기업 세율적용

4. 연결주당이익

(1) 연결 기본주당이익의 계산

연결재무상태표상 자본금은 지배기업의 자본금만 남는다. 따라서 주당이익을 계산할 때 분모의 주식수는 지배기업의 가중평균 유통보통주식수이다.

(2) 예 3 : 연결 기본주당이익의 계산(1)

① 방법 1

분자 : 지배기업 소유주 귀속 순이익 − 우선주배당금

② 방법 2 : 기준서 제1033호 방식

분자 : 지배기업 당기순이익 − 우선주배당금 + 지배기업 보유 종속기업 보통주식수 × 종속기업 기본주당이익

(3) 예 4 : 연결 기본주당이익의 계산(2)

① 내부거래 미실현이익이 있는 경우

② 연결주당이익은 내부거래 미실현이익을 제거한 후의 금액을 기초로 계산

(4) 연결 희석주당이익의 계산 : 예 5, 예 6

연결 기본주당이익의 분자
= 지배기업 당기순이익 − 지배기업 발행 우선주의 배당금
+ 지배기업 보유 종속기업 보통주식수 × 종속기업 기본주당이익
+ 지배기업 보유 종속기업 전환우선주식수 × 1주당 배당금

연결 희석주당이익의 분자
= 지배기업 당기순이익 − 지배기업 발행 우선주의 배당금
+ 지배기업 보유 종속기업 보통주식수 × 종속기업 희석주당이익
+ 지배기업 보유 종속기업 전환우선주의 전환될 보통주식수 × 종속기업 희석주당이익
+ 지배기업 보유 종속기업 신주인수권의 조정주식수 × 종속기업 희석주당이익

Memo

5. 연결현금흐름표

(1) 연결현금흐름표의 현금흐름 분류

구 분	현금흐름의 분류
종속기업에 대한 지배력의 취득 또는 상실에 따른 현금흐름	투자활동 현금흐름으로 분류
지배력의 변동 없이 종속기업 지분의 추가 취득 및 처분에 따른 현금흐름	재무활동 현금흐름으로 분류
종속기업이 비지배지분에 지급한 현금배당금	기업의 선택에 따라 재무활동 또는 영업활동 현금흐름으로 분류

(2) 연결현금흐름표 사례 : 예 7, 예 8, 예 9, 예 10

Memo

6. 연결실체 내 기업의 주식기준보상거래

(1) 연결실체 내 기업의 주식기준보상거래의 의의

(2) 재화나 용역을 제공받는 연결실체 내 기업

(3) 주식기준보상거래의 대가를 결제하는 연결실체 내 기업

(4) 연결실체 내 기업의 주식기준보상거래 회계처리 : 예 11

Memo

CHAPTER 07

공동약정 및 관계기업투자

1. 7장의 개요 : 기준서 제1111호, 제1028호

(1) 공동약정

① 공동영업자는 공동영업에 대한 자산, 부채, 수익, 비용 중 자신의 몫을 직접 인식

② 공동기업 참여자는 공동기업에 대한 자신의 지분을 투자자산으로 인식 : 지분법 평가

(2) 관계기업투자 : 지분법 회계처리

지분법손익
= (관계기업 당기순손익 − 관계기업 순자산의 BV·FV 차이 조정
− 당기미실현이익 + 전기 미실현이익 중 당기실현이익) × 투자자 지분율
+ 염가매수차익 해당액*

* 투자주식을 취득한 회계기간의 지분법손익에만 반영

관계기업투자 기말 장부금액 = (관계기업 기말자본 + 관계기업 자산·부채의 BV·FV 차이 조정 후 잔액 − 미실현이익 잔액) × 투자자 지분율 + 영업권 잔액

2. 공동약정

(1) 공동약정의 의의

공동약정(joint arrangement)이란 둘 이상의 당사자들이 공동지배력(joint control)을 보유하는 약정으로서 다음과 같은 특징을 갖는다.

> ① 당사자들이 계약상 약정(contractual arrangement)에 구속된다.
> ② 계약상 약정은 둘 이상의 당사자들에게 약정의 공동지배력을 부여한다.

(2) 공동지배력 : 예 1

(3) 공동약정의 유형

유 형	분류 기준
공동영업	약정의 공동지배력을 보유하는 당사자들이 약정의 자산에 대한 권리와 부채에 대한 의무를 보유하는 공동약정을 말하며, 공동영업의 당사자들을 공동영업자(joint operator)라고 함
공동기업	약정의 공동지배력을 보유하는 당사자들이 약정의 순자산에 대한 권리를 보유하는 공동약정을 말하며, 공동기업의 당사자들을 공동기업 참여자(joint venturer)라고 함

① 별도기구로 구조화되지 않은 공동약정

별도기구로 구조화되지 않은 공동약정은 공동영업이다.

② 별도기구로 구조화된 공동약정

별도기구로 구조화된 공동약정은 공동영업 또는 공동기업이 될 수 있다.

▶▶▶ 별도기구로 구조화된 공동약정의 구분

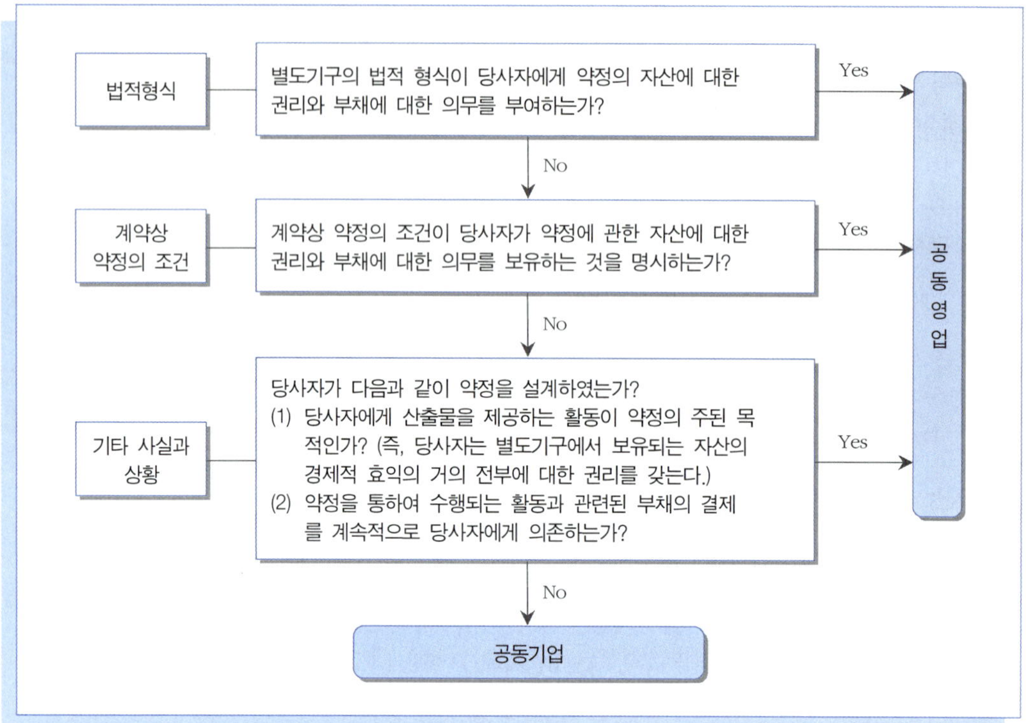

(4) 공동약정 당사자들의 재무제표

① 공동영업

공동영업자는 공동영업에 대한 자신의 지분과 관련하여 다음을 인식한다.

> ① 자신의 자산(공동으로 보유하는 자산 중 자신의 몫 포함)
> ② 자신의 부채(공동으로 발생한 부채 중 자신의 몫 포함)
> ③ 공동영업에서 발생한 산출물 중 자신의 몫의 판매 수익
> ④ 공동영업의 산출물 판매 수익 중 자신의 몫
> ⑤ 자신의 비용(공동으로 발생한 비용 중 자신의 몫 포함)

② 공동기업

공동기업 참여자는 공동기업에 대한 자신의 지분을 투자자산으로 인식하며, 그 투자자산을 지분법으로 회계처리한다.

Memo

3. 관계기업투자의 의의

투자자가 피투자자에 대하여 유의적인 영향력이 있는 경우 그 피투자자를 관계기업이라고 한다. 투자기업이 직접 또는 간접(종속기업을 통하여)으로 피투자자에 대한 의결권의 20% 이상을 소유하고 있다면 유의적인 영향력이 있는 것으로 본다.

한편 투자자는 20% 지분소유 여부와 관계없이 다음 중 하나 이상에 해당하는 경우 일반적으로 유의적인 영향력이 있다는 것이 입증된다.

① 피투자자의 이사회나 이에 준하는 의사결정기구에 참여
② 배당이나 다른 분배에 관한 의사결정에 참여하는 것을 포함하여 정책결정과정에 참여
③ 투자자와 피투자자 사이의 중요한 거래
④ 경영진의 상호 교류
⑤ 필수적 기술정보의 제공

OX 문제

- 다른 투자자가 해당 피투자자의 주식을 상당한 부분 또는 과반수 이상을 소유하고 있다고 하여도 기업이 피투자자에 대하여 유의적인 영향력을 보유하고 있는 것을 반드시 배제하는 것은 아니다. ( )
- 피투자자에 대하여 유의적인 영향력이 있는지 평가할 때 잠재적 의결권을 포함하여 현재 행사할 수 있거나 전환할 수 있는 잠재적 의결권의 존재와 영향을 고려한다. ( )
- 지분법손익을 인식할 때 잠재적 의결권을 고려하지 않고 투자자가 현재 소유하고 있는 지분에만 기초하여 산정한다. ( )

4. 지분법의 회계처리

(1) 지분법의 적용 대상 및 의의

① 기업이 기준서 제1110호 문단 4(1)의 적용범위 제외에 따라 연결재무제표 작성이 면제되는 지배기업이거나 다음의 조건을 모두 충족하는 경우, 관계기업이나 공동기업에 대한 투자에 지분법을 적용할 필요가 없다.

> ① 기업이 그 자체의 지분 전부를 소유하고 있는 다른 기업의 종속기업이거나, 그 자체의 지분 일부를 소유하고 있는 다른 기업의 종속기업이면서 그 기업이 지분법을 적용하지 않는다는 사실을 그 기업의 다른 소유주들(의결권이 없는 소유주 포함)에게 알리고 그 다른 소유주들이 그것을 반대하지 않는 경우
> ② 기업의 채무상품 또는 지분상품이 공개된 시장(국내·외 증권거래소나 장외시장. 지역시장 포함)에서 거래되지 않는 경우
> ③ 기업이 공개된 시장에서 증권을 발행할 목적으로 증권감독기구나 그 밖의 감독기관에 재무제표를 제출한 적이 없으며 현재 제출하는 과정에 있지도 않은 경우
> ④ 기업의 최상위 지배기업이나 중간 지배기업이 한국채택국제회계기준을 적용하여 작성한 공용 가능한 재무제표에 이 기준서에 따라 종속기업을 연결하거나 종속기업을 공정가치로 측정하여 당기손익에 반영한 경우

② 벤처캐피탈 투자기구나 뮤추얼펀드, 단위신탁 및 이와 유사한 기업이 관계기업이나 공동기업에 대한 투자를 보유하거나 이와 같은 기업을 통하여 간접적으로 보유하는 경우, 기업은 이러한 관계기업과 공동기업에 대한 투자를 기준서 제1109호에 따라 공정가치 측정 당기손익인식항목(FVPL 금융자산)으로 선택할 수 있다.

(2) 지분법 적용의 사전 준비

① 투자자의 보고기간 종료일과 관계기업 보고기간 종료일이 다른 경우 : 3개월 이내라면
② 관계기업 회계정책이 투자자의 회계정책과 일치하지 않는 경우
관계기업의 회계정책을 투자자의 회계정책과 일관되도록 수정하여야 한다.

(3) 기본적인 지분법의 회계처리

① 상호거래 미실현손익이 없는 경우 지분법 회계처리 요약

① 투자주식의 취득

(차) 관계기업투자	×××	(대) 현금	×××

② 관계기업이 지급하는 현금배당 수취

(차) 현금	×××	(대) 관계기업투자	×××

③ 관계기업이 교부하는 주식배당의 수취

회계처리 없음

④ 관계기업의 당기순손익 보고

(차) 관계기업투자	×××	(대) 지분법이익(PL)	×××
또는			
(차) 지분법손실(PL)	×××	(대) 관계기업투자	×××

⑤ 관계기업의 기타포괄손익의 변동

(차) 관계기업투자	×××	(대) 지분법자본변동(OCI)	×××
또는			
(차) 지분법자본변동(OCI)	×××	(대) 관계기업투자	×××

⑥ 관계기업의 이익잉여금의 변동(전기오류수정손익, 회계정책변경 누적효과)

(차) 관계기업투자	×××	(대) 지분법이익잉여금변동	×××
또는			
(차) 지분법이익잉여금변동	×××	(대) 관계기업투자	×××

② 사례 : 예제 1(지분법의 회계처리)

(4) 상호거래 미실현손익의 제거

① 연결에서는 내부거래, 지분법에서는 상호거래 (용어의 차이 배경 이해)

② 투자자와 관계기업 사이의 상향거래나 하향거래에서 발생한 당기손익에 대하여 투자자는 그 관계기업에 대한 지분과 무관한 손익까지만 투자자의 재무제표에 인식한다.
→ 상향, 하향 구분하지 않고 미실현이익 중 투자자 지분만큼만 제거

③ 사례 : 예제 2, 예제 3

④ 예 7 : 손상차손에 해당하는 상호거래 미실현손실의 조정
하향거래가 매각대상 또는 출자대상 자산의 순실현가능가치의 감소나 그 자산에 대한 손상차손의 증거를 제공하는 경우 투자자는 그러한 손실을 모두 인식한다. 상향거래가 구입된 자산의 순실현가능가치의 감소나 그 자산에 대한 손상차손의 증거를 제공하는 경우, 투자자는 그러한 손실 중 자산의 몫을 인식한다.

Memo

⑤ 지분법이익과 관계기업 투자지분 장부금액 계산공식

지분법손익
= (관계기업 당기순손익 − 관계기업 순자산의 BV·FV 차이 조정
− 당기미실현이익 + 전기 미실현이익 중 당기실현이익) × 투자자 지분율
+ 염가매수차익 해당액*

* 투자주식을 취득한 회계기간의 지분법손익에만 반영

관계기업투자 기말 장부금액 = (관계기업 기말자본 + 관계기업 자산·부채의 BV·FV 차이 조정 후 잔액 − 미실현이익 잔액) × 투자자 지분율 + 영업권 잔액

(5) 관계기업 지분과의 교환으로 비화폐성자산의 출자

① 상업적 실질이 결여되어 있는 경우
제공한 비화폐성자산의 장부금액을 관계기업투자의 취득원가로 인식
따라서 비화폐성자산의 처분손익 발생하지 않음

② 상업적 실질이 있는 경우
ⓐ 현금은 수령하지 않고 관계기업투자주식만 수령한 경우
비화폐성자산의 공정가치로 관계기업투자의 취득원가 인식
따라서 비화폐성자산의 처분손익 발생
상호거래에서 발생한 미실현손익으로 보고 지분법손익 계산 시 투자자의 몫을 제거
ⓑ 관계기업주식뿐만 아니라 현금을 일부수령
현금을 수령한 금액만큼은 실현된 손익으로 보고 지분법손익 계산 시 제거하지 않음

(6) 단계적 취득에 따른 관계기업투자로의 변경

① 기준서 제1028호에는 일괄법 또는 단계법 중 어느 것을 적용해야 하는 지 규정없음
② 일반기업회계기준에서는 일괄법을 적용하도록 규정하고 있음
③ 시험에서는 출제자가 일괄법을 적용하라고 명시적으로 언급할 것임

(7) 관계기업투자와 공동기업투자 간의 변경

① 관계기업투자와 공동기업투자 모두 지분법으로 회계처리함
② 두 분류간의 변경이 있을 때 기존 지분에 대해서 공정가치 재측정하지 않으며, 계속 지분법을 적용함

(8) 관계기업의 손실 발생

① 관계기업의 손실 중 투자자의 지분이 관계기업 투자지분과 같거나 초과하는 경우 투자자는 관계기업 투자지분 이상의 손실에 대해서는 인식을 중지한다.

② 투자자가 관계기업에 대해서 실질적으로 투자자의 순투자의 일부를 구성하는 장기투자지분을 보유하고 있다면 그러한 자산의 장부금액이 0이 될 때까지 추가로 지분법손실을 인식한다.

③ 투자자의 지분이 영(0)으로 감소된 이후 추가 손실분에 대하여 투자자는 법적의무 또는 의제의무가 있거나 관계기업을 대신하여 지불해야 하는 경우 그 금액까지만 손실과 부채를 인식한다.

④ 투자자가 과거에 인식하지 못한 지분법손실이 있는데 이후에 관계기업에서 당기순이익이 발생하는 경우, 과거에 인식하지 못한 손실을 초과한 금액만을 지분법이익으로 인식한다.

⑤ 예제 4 : 관계기업의 손실 발생

⑥ 예제 5 : 관계기업투자와 실질적 순투자의 회계처리
투자자의 순투자의 일부를 구성하는 장기투자지분에 대해서 지분법손실을 추가로 인식할 경우 유의할 점은 장기투자지분에 대해서 기준서 제1109호 '금융상품'에 따른 손상규정을 우선 적용한 후에 지분법손실을 추가로 인식한다는 것이다.

Memo

(9) **관계기업투자에 대한 손상차손**

① 관계기업투자의 장부금액에 포함된 영업권은 사업결합으로 취득한 영업권이 아니므로 분리하여 인식할 수 없다. 따라서 별도의 손상검사를 하지 않는다.

② 관계기업투자 전체에 대해서 손상징후가 있으면 손상검사를 한다.

(10) **관계기업투자에서 발생한 일시적차이에 대한 이연법인세의 인식**

① 가산할 일시적차이 (지분법이익, 익금불산입 △유보)
이연법인세부채를 인식한다. 단, 투자자가 일시적차이의 소멸시점을 통제할 수 있고, 예측가능한 미래에 일시적차이가 소멸하지 않을 가능성이 높을 경우에는 이연법인세부채를 인식하지 않는다(1012.39).

② 차감할 일시적차이 (지분법손실, 손금불산입 유보)
일시적차이가 예측가능한 미래에 소멸할 가능성이 높고, 일시적차이가 사용될 수 있는 과세소득이 발생할 가능성이 높은 경우에만 이연법인세자산을 인식한다(1012.44).

Memo

(11) 관계기업투자의 처분

① 투자자가 관계기업투자의 일부를 처분하여 유의적인 영향력을 상실한 경우 더 이상 지분법을 적용하지 않고 금융자산 관련 기준서를 적용한다. 이 경우 잔여 보유지분의 공정가치를 금융자산의 최초 인식 시 공정가치로 본다. 이 때 다음의 ㉮와 ㉯의 차이가 있다면 그 차이를 당기손익으로 인식한다.

> ㉮ 잔여 보유 지분의 공정가치와 관계기업 지분의 일부 처분으로 발생한 대가의 공정가치
> ㉯ 지분법을 중단한 시점의 투자자산의 장부금액

② 지분법 적용을 중단한 경우 그 투자와 관련하여 이전에 기타포괄손익으로 인식한 모든 금액(예 지분법자본변동)은 피투자자가 관련 자산이나 부채를 직접 처분한 경우의 회계처리와 동일한 기준으로 회계처리한다.

③ 사례 : 예제 6, 주관식 6

(12) 관계기업투자의 매각예정 분류

① 관계기업투자가 매각예정 분류기준을 충족하는 경우 관계기업투자를 매각예정비유동자산으로 재분류하고, 그 시점의 장부금액과 순공정가치 중 작은 금액으로 측정하여 평가손익을 당기손익으로 인식한다.

② 관계기업투자 중 일부만 매각예정으로 분류될 경우 매각예정으로 분류되지 않은 잔여보유분은 매각예정으로 분류된 부분이 매각될 때까지 지분법을 적용하여 회계처리한다. 매각 이후 잔여보유 지분이 더 이상 관계기업투자에 해당되지 않는다면 이를 금융자산 관련 기준서에 따라 회계처리한다.

③ 매각예정으로 분류된 관계기업투자가 더 이상 그 분류기준을 충족하지 않는다면, 매각예정으로 분류된 그 시점부터 소급하여 지분법을 적용하여 회계처리한다.

④ 사례 : 예제 7

Memo

CHAPTER 08 환율변동효과

1. 8장의 개요 : 기준서 제1021호

(1) 용어의 정의 : 기능통화, 외화, 표시통화

(2) 외화환산 : 개별 거래의 환산

① 화폐성 항목

② 비화폐성 항목 : 역사적 원가로 측정

③ 비화폐성 항목 : 기말에 공정가치로 측정

(3) 기능통화 재무제표의 표시통화 환산

① 대차를 맞추는 외환차이(표시통화환산차이)는 기타포괄손익(OCI)

② 해외사업장을 처분하는 경우 OCI는 NI로 재분류한다.

(4) 표시통화로 환산한 종속기업 재무제표의 연결

2. 기능통화, 외화 및 표시통화

(1) 기능통화 : 영업활동이 이루어지는 주된 경제 환경의 통화

(2) 외화 : 기능통화 이외의 다른 통화

(3) 표시통화 : 재무제표를 표시할 때 사용하는 통화

3. 외화 거래의 기능통화 보고

(1) 외화거래의 최초 인식

① 원칙

외화 × 거래일 현물환율 (역사적 환율)

② 거래빈번 & 환율 변동이 크지 않다.

외화 × 해당기간의 평균환율

(2) 보고기간 말의 외화환산

① 화폐성과 비화폐성 항목

구 분	내 용
화폐성 항목	현금, 각종 채권, 채무, 채무상품
비화폐성 항목	선급금(선수금), 재고자산, 유형자산, 무형자산, 지분상품

② 보고기간 말 외화자산 및 외화부채의 환산방법

항목 구분	환산방법	외환차이의 회계처리
화폐성 외화항목	마감환율로 환산	당기손익으로 인식
역사적 원가로 측정하는 비화폐성 외화항목	거래일의 환율로 환산	외환차이가 발생하지 않음
공정가치로 측정하는 비화폐성 외화항목	공정가치가 결정된 날의 환율로 환산	공정가치평가손익을 당기손익(또는 기타포괄손익)으로 인식하면 외환차이도 당기손익(또는 기타포괄손익)으로 인식

③ 둘 이상의 금액을 비교하여 금액을 결정하는 외화항목

ⓐ 재고자산 저가법, 유형자산 등의 손상검사

ⓑ 다음의 두 가지 금액(기능통화 금액)을 비교해서 결정

- 그 금액이 결정된 날의 환율로 적절하게 환산한 취득원가나 장부금액
- 그 가치가 결정된 날의 환율로 적절하게 환산한 순실현가능가치나 회수가능액

(3) 결제시점의 외환차이

① 화폐성항목의 결제시점 외환차이

구 분	외환차이
발생 및 결제가 동일한 회계기간에 이루어지는 경우	외화금액 × (결제일 환율 − 거래일 환율)
발생 및 결제가 동일한 회계기간에 이루어지지 않는 경우	외화금액 × (결제일 환율 − 직전 보고기간 말 외화환산 시 적용한 환율)

② 예제 1 : 화폐성항목의 외환차이

③ 예제 2 : 비화폐성항목의 외환차이(1)

④ 예제 3 : 비화폐성항목의 외환차이(2)

Memo

(4) **외화선급금 또는 외화선수금의 회계처리**(해석서 제2122호)

① 자산, 비용, 수익 등의 최초 인식에 적용할 환율을 결정하기 위한 거래일은 대가의 선지급이나 선수취로 인해 비화폐성자산이나 비화폐성부채를 최초로 인식하는 날로 하도록 규정하고 있다. 따라서 당초 인식한 선급금이나 선수금을 자산이나 수익으로 대체하고 별도의 외환차이는 인식하지 않는다.

② 예 3 : 외화선급금 및 외화선수금의 회계처리

Memo

4. 외환차이에 대한 추가 논의

(1) 외화표시 사채 (투자자 입장 AC 금융자산), 투자자 입장 FVOCI 금융자산은 2차 때

(차)	현금(미수이자)	×××[(2)]	(대) 이자수익	×××[(1)]
	AC 금융자산	×××[(3)]	외환차이	×××[(4)]

(1) 외화유효이자 × 이자계산기간의 평균환율
(2) 외화표시이자 × 이자수령일(또는 미수이자의 경우에는 보고기간 말) 환율
(3) 외화 AC 금융자산 상각액 × 발행일(또는 직전 보고기간말) 환율
(4) 외환차이는 대차일치 금액으로 차변 또는 대변으로 인식될 수 있음

(2) 사례 : 예제 4

20×1년 초 액면 $10,000, 액면이자율 6%, 만기 3년, 시장이자율 10%

일자	회계처리	
20×1. 1. 1	(차) AC 금융자산	(대) 현금
20×1.12.31	(차) 현금 AC 금융자산	(대) 이자수익
20×1.12.31	(차) AC 금융자산 또는 (차) 외환차이	(대) 외환차이 (대) AC 금융자산
20×2.12.31	(차) 현금 AC 금융자산	(대) 이자수익
20×2.12.31	(차) AC 금융자산 또는 (차) 외환차이	(대) 외환차이 (대) AC 금융자산
20×3.12.31	(차) 현금 AC 금융자산	(대) 이자수익
20×3.12.31	(차) 현금	(대) AC 금융자산

Memo

(3) 외화표시 FVOCI 금융자산(채무상품)

① 채무상품이므로 화폐성항목으로 분류한다.

② 당기손익에 영향을 미치는 금액은 AC 금융자산과 동일하게 인식한다.

③ 외화표시 기말 상각후원가와 공정가치의 차이 금액에 기말 환율을 곱한 금액을 재무상태표 상 기타포괄손익누계액으로 인식한다.

④ 예제 5 : 외화표시 FVOCI 금융자산

(4) 기능통화의 변경

기능통화의 변경은 전진법 적용

5. 기능통화 재무제표의 표시통화 환산

(1) 현행환율법

<table>
<tr><td rowspan="2">자산($) × 마감환율</td><td>부채($) × 마감환율</td></tr>
<tr><td>자본($) × 거래일 환율
최초 환산 이후 증가한 이익잉여금($) : 전기이월 환산금액</td></tr>
<tr><td>비용($) × 거래일 환율(또는 평균환율)</td><td>수익($) × 거래일 환율(또는 평균환율)</td></tr>
</table>

(2) 환산 방법

① 단계 1 : 포괄손익계산서의 환산

수익과 비용은 해당 거래일의 환율로 환산하는 것이 원칙, 수익과 비용이 연평균적으로 발생한다면 평균환율 적용할 수 있다.

② 단계 2 : 재무상태표의 환산

자산과 부채를 마감환율(보고기간 말 환율)을 적용하여 환산한다

③ 단계 3 : 외환차이(OCI)의 결정과 최종 포괄손익계산서의 작성

재무상태표의 대차차이를 외환차이(OCI) 잔액으로 결정, 기초 외환차이(OCI) 잔액과 기말 외환차이(OCI) 잔액을 비교해서 변동금액을 포괄손익계산서에 기록

(3) 외환차이(OCI)의 발생원인

① 기준서 제1021호 문단 41 : 외환차이(OCI)의 발생원인을 다음 2가지로 설명

ⓐ 수익과 비용은 해당 거래일의 환율(또는 평균환율)로 환산하고, 자산과 부채는 마감환율로 환산한다.

ⓑ 순자산의 기초 잔액을 전기의 마감환율과 다른 마감환율로 환산한다.

② 예 4 : 표시통화 재무제표로의 환산과 외환차이의 발생원인

③ 예제 6 : 기능통화 재무제표의 표시통화 환산

Memo

(4) 국내 기업 재무제표의 표시통화 환산

① 국내 기업(HMM(주) 등)이 원화를 기능통화로 결정한 경우와 원화 이외의 다른 통화를 기능통화로 결정한 경우 재무제표에 미치는 영향 비교

② 예 5 : 표시통화로의 환산

(5) 표시통화의 변경

① 표시통화의 변경은 회계정책의 변경 : 소급법 적용

② 비교표시되는 재무제표를 변경 후의 표시통화로 재작성

OX 문제

- 외화는 표시통화 이외의 다른 통화를 말한다. ( )
- 기능통화를 변경하는 경우 이는 회계정책의 변경에 해당되기 때문에 소급법을 적용한다. ( )
- 표시통화를 변경하는 경우에는 전진법을 적용한다. ( )
- 해외사업장을 처분하는 경우 기타포괄손익으로 인식한 해외사업장관련 외환차이의 누계액은 해외사업장의 처분시 이익잉여금으로 직접 대체한다. ( )

Memo

6. 표시통화로 환산한 종속기업 재무제표의 연결

(1) 종속기업투자와 종속기업 자본의 상계제거

① 지배기업(표시통화 ₩)이 종속기업(기능통화 $) 연결

〈취득일의 종속기업 순자산의 장부금액과 공정가치가 일치하는 경우〉

(차)	자본금	×××[1]	(대)	종속기업투자	×××[2]
	이익잉여금	×××[1]		비지배지분	×××[3]
	영업권	×××[6]		외환차이(OCI)	×××[7]

〈취득일의 종속기업 순자산의 장부금액과 공정가치가 일치하지 않는 경우. 건물의 공정가치가 장부금액을 초과하는 것으로 가정〉

(차)	자본금	×××[1]	(대)	종속기업투자	×××[2]
	이익잉여금	×××[1]		비지배지분	×××[5]
	건물	×××[4]		외환차이(OCI)	×××[7]
	영업권	×××[6]			

(1) 취득일 현재 종속기업 자본금 또는 이익잉여금($) × 취득일 환율
(2) 종속기업투자의 취득원가($)에 취득일 환율을 곱하여 지배기업의 별도재무제표에 최초 인식한 금액(₩)
(3) (원화 환산 자본금과 이익잉여금) × 비지배지분율
(4) 종속기업 순자산의 장부금액과 공정가치의 차이($) × 마감환율
(5) (원화 환산 자본금, 이익잉여금, 건물) × 비지배지분율
(6) 영업권($) × 마감환율
(7) 대차 일치 금액. 외환차이가 차변으로 인식될 수도 있음

② 종속기업 순자산 BV·FV 차이금액

ⓐ 마감환율로 환산

ⓑ BV·FV 차이($) × (마감환율 − 취득일 환율) = 외환차이(OCI) : 연결포괄손익계산서에 표시

ⓒ 외환차이(OCI) × 비지배지분율 = 비지배지분

ⓓ (외환차이(OCI) × 지배기업지분율)만 연결재무상태표에 OCI로 표시

Memo

③ 영업권

ⓐ 마감환율로 환산

ⓑ 영업권($) × (마감환율 − 취득일 환율) = 외환차이(OCI)

ⓒ 외환차이(OCI)가 비지배지분에 배분되지 않고 전액 지배기업지분 해당액

(2) 해외사업장순투자의 환산 및 연결재무제표의 작성

① 해외사업장순투자에 해당하는 화폐성항목

장기대여금 포함. 매출채권은 포함되지 않음

② 지배기업의 별도재무제표

해외사업장순투자가 종속기업투자주식과 유사하더라도 화폐성항목이므로 보고기간 말 환율로 환산하고 외환차이를 당기손익으로 인식

③ 연결재무제표

지배기업의 별도재무제표에서 당기손익으로 인식했던 외환차이를 기타포괄손익으로 대체

(3) 외환차이 중 비지배지분의 대체

① 연결에서 기타포괄손익으로 인식되는 외환차이(4가지)

ⓐ 종속기업의 기능통화 재무제표를 표시통화로 환산할 때 발생하는 외환차이

ⓑ 종속기업 순자산 BV·FV 차이금액에서 발생하는 외환차이

ⓒ 영업권을 마감환율로 환산해서 발생하는 외환차이

ⓓ 지배기업이 별도재무제표에서 당기손익으로 인식했던 해외사업장순투자에 대한 외환차이를 연결재무제표에서 기타포괄손익으로 대체

② 외환차이(기타포괄손익) 중 비지배지분으로 대체

위 4가지 중 ①과 ② 항목만 비지배지분율을 곱하여 기타포괄손익에서 비지배지분으로 대체

③ 사례 : 예 6, 예 7, 예제 7

Memo

(4) 해외사업장의 처분

① 기타포괄손익으로 인식했던 외환차이를 해외사업장 처분 시 당기손익으로 재분류

② 종속기업투자주식(원가법 적용)을 지분법적용금액으로 수정하면서 이익잉여금에 반영하고 지분법을 적용한 종속기업투자주식금액과 처분금액의 차이를 처분손익으로 인식

③ 예 8 : 해외사업장의 처분에 따른 지배력 상실

(차) 종속기업투자	79,040	(대) 이익잉여금	79,040(1)

(1) (₩104,000−5,200)×80%=₩79,040, 20×1년 지분법이익을 이익잉여금으로 반영

(차) 현금	1,430,000	(대) 종속기업투자	1,179,040
		처분이익	250,960

④ 기타포괄손익으로 인식한 외환차이의 누계액을 당기손익으로 재분류하는 회계처리는 해외사업장의 전체 지분을 처분하는 경우뿐만 아니라 일부 지분을 처분하여 지배력을 상실하는 경우에도 동일하게 적용함. 예를 들어 갑회사가 100% 지분을 보유하던 해외사업장의 지분 중 80%를 처분하여 지배력을 상실한 경우 기타포괄손익으로 인식한 외환차이 누계액 중 80%를 당기손익으로 재분류하는 것이 아니라 100% 전체를 당기손익으로 재분류함

⑤ 해외사업장에 대한 지분 중 일부를 처분하였으나 계속 지배력을 보유하는 경우에는 기타포괄손익으로 인식한 외환차이 누계액 중 처분된 부분을 그 해외사업장의 비지배지분으로 재귀속시킴. 예를 들어 갑회사가 100% 지분을 보유하던 해외사업장의 지분 중 20%를 처분한 후에도 80% 지분을 소유하고 있어 계속 지배력을 유지할 경우 기타포괄손익으로 인식한 외환차이 누계액 중 20%를 비지배지분으로 재귀속시킴

(5) 내부거래 손익 및 상호 채권·채무의 환산 : 예 9

(6) 내부미실현이익의 환산 및 과년도 미실현이익의 실현

(7) 예제 8 : 기능통화와 표시통화가 다른 관계기업 재무제표에 대한 지분법 평가

Memo

CHAPTER 09

파생상품 및 위험회피회계

1. 9장의 개요 : 기준서 제1032호, 제1109호, 제1107호

(1) 파생상품의 종류 : 선도, 선물, 스왑, 옵션

(2) 매매목적 : 투기목적

(3) 공정가치 위험회피 : 장부에 인식한 자산 및 부채, 확정계약, 외화위험회피 확정계약

(4) 현금흐름 위험회피 : 장부에 인식한 자산 및 부채, 외화위험회피 확정계약, 발생가능성이 매우 큰 예상거래

(5) 해외사업장순투자의 위험회피 : 현금흐름위험회피와 유사하게 회계처리

2. 파생상품의 의의

(1) 파생상품의 종류

① 선도계약(forward contract)

특정 상품을 미래의 특정 시점(인도일)에, 계약시점에 정해 놓은 가격으로 교환하기로 하는 두 당사자 간의 계약을 말한다.

② 선물(futures)

장외거래인 선도거래를 표준화된 장내거래로 바꾼 것을 말한다.

③ 스왑(swap)

계약당사자의 특정 자산 또는 부채를 일정기간 동안 정해진 조건으로 교환하는 대표적인 장외파생상품계약이다.

④ 옵션(option)

미래 특정시점 또는 특정 기간 동안에 지정된 자산을 미리 정한 조건으로 매매할 수 있는 권리를 사고파는 계약을 말한다.

(2) 파생상품의 요건 3가지

① 기초변수의 변동에 따라 그 가치가 변동한다. 기초변수는 이자율, 금융상품가격, 일반상품가격, 환율, 가격 또는 비율의 지수, 신용등급이나 신용지수 또는 기타 변수를 말한다. 다만, **비금융변수**의 경우에는 계약의 당사자에게 **특정되지 아니하여야** 한다.
② 최초 계약 시 순투자금액이 필요하지 않거나 시장요소의 변동에 유사한 영향을 받을 것으로 기대되는 다른 유형의 계약보다 적은 순투자금액이 필요하다.
③ 미래에 결제된다.

① 기초변수 및 계약단위의 수량

파생상품	기초변수	계약단위	수 량	계약단위의 수량
US $10,000를 1,000원/$에 매입하기로 한 통화선도계약	환율 (₩/1US$)	US$	10,000	US$10,000
1,000,000원에 대하여 변동이자율을 지급하고 고정이자율을 수취하기로 한 이자율스왑계약	변동이자율	원	1,000,000	1,000,000원
금 100OZ를 30,000,000원에 구입하기로 한 금선도계약	금의 가격	OZ	100	100OZ

② 최초 순투자금액

선도계약이나 선물계약은 최초 계약시에 권리와 의무의 공정가치가 동일(즉, 순공정가치가 0)하기 때문에 계약시점에서 현금의 유출입은 없다. 옵션거래의 경우 옵션매입자가 옵션프리미엄을 지급하는데, 이는 기초 금융상품을 취득하는데 필요한 투자금액보다 적은 금액이므로 파생상품의 정의를 충족한다.

③ 미래 결제

총액결제와 차액결제에 관계없이 미래 결제 조건만 충족하면 된다.

(3) 파생금융상품의 분류

파생상품자산이나 파생상품부채는 원칙적으로 FVPL 항목으로 분류한다.

3. 파생상품의 인식과 측정

(1) 파생상품의 인식

구 분	자산·부채의 인식시점
선 도 계 약	결제일이 아닌 계약일에 자산이나 부채 인식
옵 션 계 약	보유자나 발행자가 계약의 당사자가 되는 때에 자산이나 부채 인식

(2) 파생상품의 측정

최초인식 후 파생상품자산 및 파생상품부채는 공정가치로 측정한다. 평가손익은 당기손익으로 인식한다. 단, 현금흐름 위험회피수단으로 지정된 파생상품의 공정가치 변동 중 위험회피에 효과적인 부분은 기타포괄손익으로 인식한다.

(3) 파생상품의 제거 : 중급회계 제8장에서 정리한 금융자산 제거와 동일

4. 파생상품 문제풀이

(1) 매매목적 : 예제 1, 주관식 1

① 예제 1

일 자	회계처리
20×1. 9. 1.	
20×1. 12. 31.	
20×2. 6. 30.	
20×2. 9. 1.	

② 주관식 1

일 자	회계처리
20×1. 10. 1.	
20×1. 12. 31.	
20×2. 3. 31.	

Memo

(2) 공정가치 위험회피

① 의의

공정가치위험회피란 특정 위험에 기인하고 당기손익에 영향을 줄 수 있는 것으로서, 인식된 자산이나 부채 또는 인식되지 않은 확정계약의 구성요소의 공정가치 변동 익스포저에 대한 위험회피를 말한다.

② 회계처리

위험회피대상항목과 위험회피수단 간의 회계불일치를 해소하기 위해서 위험회피대상항목의 공정가치 변동을 당기손익으로 인식하는 위험회피회계를 적용한다.

③ 도식화

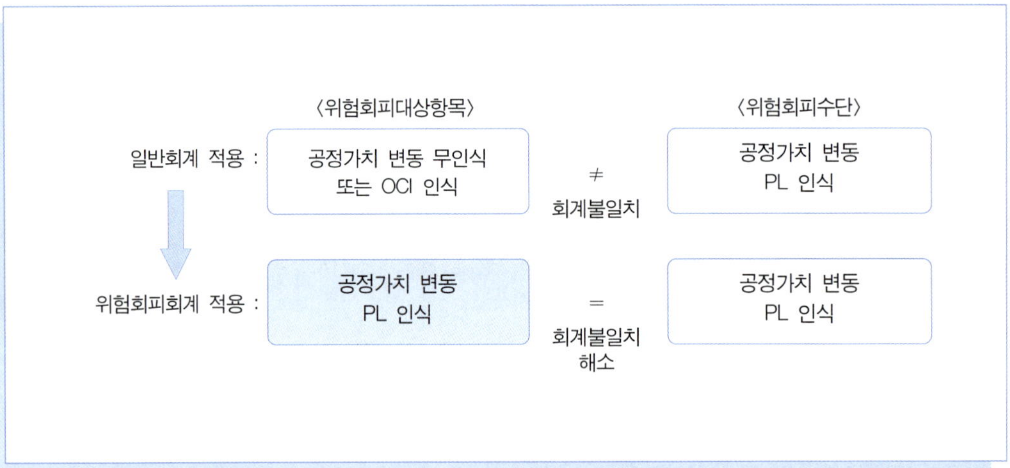

④ 사례

	위험회피대상항목	위험회피수단
예 1	외화매출채권	파생상품(통화선도계약)
예제 3	확정계약	파생상품(선도계약)
예제 5	FVOCI 선택 금융자산	파생상품(선도계약)
예제 9	확정계약(환율변동위험)	파생상품(통화선도계약)
예제 10	확정계약(환율변동위험)	파생상품(통화선도계약)
예제 4	채무상품(고정금리)	파생상품(이자율스왑)

⑤ 예 1

일 자	대상항목(외화매출채권)	수단(통화선도계약)
20×1. 11. 1.		
20×1. 12. 31.		
20×2. 2. 1.		

⑥ 예제 3

[물음 2]

일 자	대상항목(확정계약)	수단(선도계약)
20×1. 10. 1.		
20×1. 12. 31.		
20×2. 3. 31.		

[물음 3]

일 자	대상항목(확정계약)	수단(선도계약)
20×1. 10. 1.		
20×1. 12. 31.		
20×2. 3. 31.		

Memo

⑦ 예제 5

일 자	대상항목(FVOCI 선택 금융자산)	수단(선도계약)
20×1. 12. 1.		
20×1. 12. 31.		
20×2. 4. 1.		

⑧ 예제 9

일 자	대상항목(확정계약, 환율변동위험)	수단(통화선도계약)
20×1. 10. 1.		
20×1. 12. 31.		
20×2. 3. 31.		

Memo

⑨ 예제 10

일 자	대상항목(확정계약, 환율변동위험)	수단(통화선도계약)
20×1. 11. 1.		
20×1. 12. 31.		
20×2. 2. 1.		

⑩ 예제 4

일 자	대상항목(고정금리 채무상품)	수단(이자율스왑)
20×1. 1. 1.		
20×1. 12. 31.		
20×2. 12. 31.		
20×3. 12. 31.		

Memo

(3) 현금흐름 위험회피

① 의의

현금흐름위험회피란 특정 위험에 기인하고 당기손익에 영향을 줄 수 있는 것으로서, 인식된 자산이나 부채, 또는 발생가능성이 매우 큰 예상거래의 현금흐름 변동 익스포저에 대한 위험회피를 말한다.

② 회계처리

현금흐름 변동위험의 상쇄효과를 재무제표에 보고하기 위해서 위험회피수단의 공정가치 변동을 당기손익이 아닌 기타포괄손익으로 인식하는 위험회피회계를 적용한다. 현금흐름위험회피회계를 적용할 경우 위험회피수단에서 발생하는 손익을 모두 기타포괄손익으로 인식하는 것이 아니라 이중에서 위험회피에 효과적인 부분만 기타포괄손익으로 인식하고, 효과적이지 못한 부분은 당기손익으로 인식한다. 현금흐름 위험회피에 효과적인 부분을 다음과 같이 계산한다.

> 기타포괄손익 인식 금액 = Min(①, ②)
> ① 위험회피 개시 이후 위험회피수단의 손익누계액
> ② 위험회피 개시 이후 위험회피대상항목의 공정가치(현재가치) 변동누계액

③ 도식화

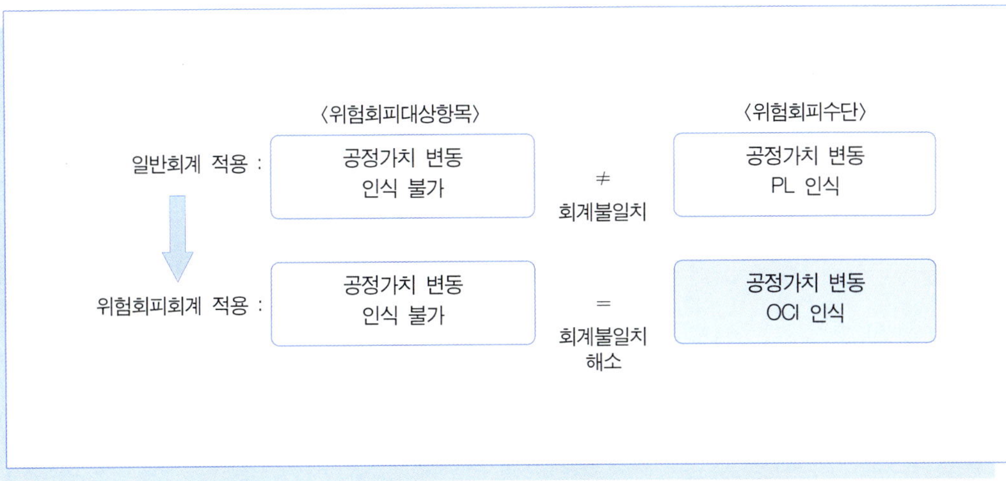

④ 사례

	위험회피대상항목	위험회피수단
예 2	예상거래	파생상품
예제 6	예상거래	파생상품(선물계약)
예제 7	예상거래	파생상품(선물계약)
예제 9	확정계약(환율변동위험)	파생상품(통화선도계약)
예제 10	확정계약(환율변동위험)	파생상품(통화선도계약)
예제 8	채무상품(변동금리)	파생상품(이자율스왑)

⑤ 예 2

1. over-hedge

일 자	대상항목(예상거래)	수단(파생상품)
20×1. 3. 31.		
20×1. 6. 30.		

2. under-hedge

일 자	대상항목(예상거래)	수단(파생상품)
20×1. 3. 31.		
20×1. 6. 30.		

⑥ 예제 6

[물음 1]

일 자	대상항목(예상거래)	수단(선물계약)
20×1. 10. 1.		
20×1. 12. 31.		
20×2. 3. 31.		

[물음 2]

일 자	대상항목(예상거래)	수단(선물계약)
20×1. 10. 1.		
20×1. 12. 31.		
20×2. 3. 31.		

⑦ 예제 7

일 자	대상항목(예상거래)	수단(선물계약)
20×1. 10. 1.		
20×1. 12. 31.		
20×2. 3. 31.		

⑧ 예제 9

일 자	대상항목(확정계약, 환율변동위험)	수단(통화선도계약)
20×1. 10. 1.		
20×1. 12. 31.		
20×2. 3. 31.		

⑨ 예제 10

일 자	대상항목(확정계약, 환율변동위험)	수단(통화선도계약)
20×1. 11. 1.		
20×1. 12. 31.		
20×2. 2. 1.		

⑩ 예제 8

일 자	대상항목(변동금리 채무상품)	수단(이자율스왑)
20×1. 1. 1.		
20×1. 12. 31.		
20×2. 12. 31.		
20×3. 12. 31.		

(4) 현금흐름위험회피적립금의 후속 회계처리

<table>
<tr><th>구 분</th><th>회계처리</th></tr>
<tr><td>위험회피대상항목인 예상거래에 따라 향후 비금융자산이나 비금융부채를 인식하는 경우</td><td rowspan="2">현금흐름위험회피적립금을 제거하고, 관련 자산 또는 부채의 최초 원가나 그 밖의 장부금액에 그 금액을 직접 포함(재분류조정 아님)</td></tr>
<tr><td>비금융자산이나 비금융부채에 대한 예상거래가 공정가치위험회피회계를 적용하는 확정계약이 되는 경우</td></tr>
<tr><td>상기 이외의 경우</td><td>위험회피대상인 예상거래가 당기손익에 영향을 미치는 회계기간(예 이자수익이나 이자비용을 인식하는 기간이나 예상매출이 생긴 때)에 재분류조정으로 현금흐름위험회피적립금에서 당기손익으로 재분류</td></tr>
<tr><td>현금흐름위험회피적립금이 차손이며, 그 차손의 전부 또는 일부가 미래 기간에 회복되지 않을 것으로 예상되는 경우</td><td>그 금액을 재분류조정으로 즉시 당기손익으로 재분류</td></tr>
</table>

(5) 기준서 제1109호 문단 6.5.11 (4)의 (가)

위험회피대상 예상거래로 인해 후속적으로 **비금융자산이나 비금융부채를 인식**하게 되거나, 비금융자산이나 비금융부채에 대한 위험회피대상 예상거래가 공정가치위험회피회계를 적용하는 확정계약이 된다면, 현금흐름위험회피적립금에서 그 금액을 제거하고 **관련 자산 또는 부채의 최초 원가나 그 밖의 장부금액에 그 금액을 직접 포함한다.** (basis adjustment) 이것은 재분류조정이 아니며, **따라서 기타포괄손익에 영향을 미치지 않는다.**

5. 위험회피회계

(1) 위험회피의 의의

위험회피란 위험회피대상으로부터 발생하는 공정가치 또는 현금흐름의 변동위험과 반대방향으로 위험회피수단에서 공정가치 또는 현금흐름의 변동을 발생시킴으로써 양자의 변동을 상쇄시키는 것을 말한다.

(2) 위험회피대상항목

① 인식된 자산 또는 부채

② 인식되지 않은 확정계약

③ 발생가능성이 매우 큰 예상거래

④ 해외사업장순투자(연결재무제표에서만 위험회피대상항목 지정가능)

OX 문제

- 사업결합에서 사업을 취득하기로 하는 확정계약은 외화위험을 제외하고는 위험회피대상항목이 될 수 없다. ( )
- 지분법적용투자주식은 공정가치위험회피의 대상항목이 될 수 있다. ( )
- 연결실체 내의 개별기업 사이의 거래는 연결실체 내 개별기업의 개별재무제표나 별도재무제표에서 위험회피대상항목으로 지정할 수 있으나, 연결재무제표에서는 위험회피대상항목으로 지정할 수 없다. ( )
- 파생상품과 비파생상품의 결합위험인 통합익스포저도 위험회피대상항목이 될 수 있다. ( )
- 개별항목의 변동이 집합 전체의 변동에 거의 비례할 것을 요구하지 않기 때문에 순포지션을 구성하는 항목의 집합도 위험회피대상항목이 될 수 있다. ( )

(3) 위험회피수단

① 공정가치 변동을 당기손익으로 인식하는 파생상품이 가장 일반적인 위험회피수단으로 지정될 수 있다. 다만, 일부 발행한 옵션은 매입한 옵션의 위험을 상쇄하기 위하여 위험회피수단으로 지정하는 것을 제외하고는 위험회피수단으로 지정할 수 없다.

② FVPL 항목으로 측정되지 않는 비파생금융상품은 외화위험에 대한 위험회피수단으로만 지정할 수 있다. 이에 반해 FVPL 항목으로 측정되는 비파생금융상품은 모든 위험에 대한 위험회피수단으로 지정할 수 있다.

OX 문제

- FVPL 측정항목으로 지정한 금융부채는 신용위험 변동으로 생기는 공정가치의 변동을 기타포괄손익으로 인식하는데, 이러한 금융부채는 위험회피수단으로 지정할 수 없다. ( )
- FVOCI 항목으로 분류되도록 선택한 지분상품은 위험회피수단으로 지정할 수 없다. ( )
- 외화위험회피 외의 위험회피에서, FVPL 측정 비파생금융자산(부채)을 위험회피수단으로 지정하는 경우에는 그 비파생금융상품 전체 또는 비례적 부분만을 지정할 수 있다. ( )
- 분리하여 회계처리하지 않는 복합계약에 내재된 파생상품은 별도로 공정가치 변동을 당기손익으로 인식하지 않기 때문에 위험회피수단으로 지정할 수 없다. ( )
- 자기지분상품은 해당 기업의 금융자산이나 금융부채가 아니므로 위험회피수단으로 지정할 수 없다. ( )

(4) 위험회피회계

① 위험회피회계의 의의 : 회계불일치 해결, 특별회계
위험회피회계는 위험회피대상에서 발생하는 이익(손실)과 위험회피수단에서 발생하는 손실(이익)이 동일한 회계기간에 상계될 수 있도록 보고한다.

OX 문제

- 기업이 위험회피를 한다고 해서 반드시 위험회피회계를 적용해야 하는 것은 아니다. ( )
- 기업이 모든 위험회피에 대해서 위험회피회계를 적용할 수 있는 것은 아니다. 왜냐하면 위험회피회계를 적용하기 위해서는 후술하는 위험회피회계의 적용 조건을 모두 충족하여야 하기 때문이다. ( )

② 위험회피회계의 적용 조건

다음의 모든 조건을 모두 충족한 경우에만 적용할 수 있다.

ⓐ 위험회피관계는 적격한 위험회피수단과 적격한 위험회피대상항목으로만 구성

ⓑ 문서화

ⓒ 위험회피관계는 다음의 위험회피효과에 관한 요구사항을 모두 충족

– 대상항목과 수단 사이에 경제적 관계

– 신용위험의 효과가 대상항목과 수단의 경제적 관계로 인한 가치 변동 보다 지배적이지 않음

– 위험회피비율

③ 재조정

ⓐ 재조정이란 이미 존재하는 위험회피관계의 대상항목이나 수단의 지정된 수량을 위험회피효과에 관한 요구사항에 부합하도록 위험회피비율을 유지하기 위하여 조정하는 것을 말한다.

ⓑ

위험회피비율 (위험회피수단의 수량 : 위험회피대상항목의 수량)	선택할 수 있는 재조정 방법
1 : 1에서 1.2 : 1로 변동	① 위험회피수단의 수량 감소 ② 위험회피대상항목의 수량 증가
1 : 1에서 0.8 : 1로 변동	① 위험회피수단의 수량 증가 ② 위험회피대상항목의 수량 감소

ⓒ 예 3 : 재조정의 회계처리

④ 위험회피회계의 중단

ⓐ 기업이 위험회피회계를 자발적으로 중단할 수 없다. 위험회피관계가 적용조건을 충족하지 않는 경우에만 전진적으로 위험회피회계를 중단한다.

ⓑ 공정가치위험회피회계의 중단

전진적으로 더 이상 위험회피회계를 적용하지 않음. 위험회피대상항목(자산이나 부채, 확정계약)에 대해서 일반회계를 적용하고, 위험회피수단(파생상품)에 대해서도 일반회계 적용

ⓒ 현금흐름위험회피회계의 중단

전진적으로 더 이상 위험회피회계를 적용하지 않음. 위험회피수단(파생상품)에 대해서 중단 시점부터 일반회계를 적용하여 공정가치 변동을 당기손익으로 인식. 위험회피수단과 관련하여 이미 기타포괄손익으로 인식한 현금흐름위험회피적립금 누계액이 있다면 다음과 같이 회계처리함

중단의 경우	회 계 처 리
위험회피대싱의 미래 현금흐름이 여전히 발생할 것으로 예상되는 경우	미래 현금흐름이 생길 때까지 또는 현금흐름위험회피적립금이 차손이 될 때까지 기타포괄손익으로 남겨두고, 미래 현금흐름이 생길 때 즉시 당기손익으로 재분류
위험회피대상의 미래 현금흐름이 더 이상 발생할 것으로 예상되지 않는 경우	현금흐름위험회피적립금 누계액을 즉시 당기손익으로 재분류

6. 해외사업장순투자의 위험회피

(1) 해외사업장순투자의 의의

해외사업장순투자란 종속기업 등 해외사업장의 순자산에 대한 보고기업의 지분 해당액을 말한다.

(2) 해외사업장순투자의 환산

지배기업이 종속기업에 대여를 하였다면 비록 그 대여금이 해외사업장에 대한 순투자에 해당되더라도 화폐성항목이므로 지배기업은 개별장부에서 외화대여금에 대한 외환차이를 당기손익으로 인식하여야 한다. 그런데, 지배기업이 해외사업장을 포함하여 연결재무제표를 작성할 경우 화폐성항목에 해당되는 해외사업장순투자에 대한 외환차이를 기타포괄손익으로 인식한다.

(3) 해외사업장순투자의 위험회피

해외사업장순투자의 위험회피(1)

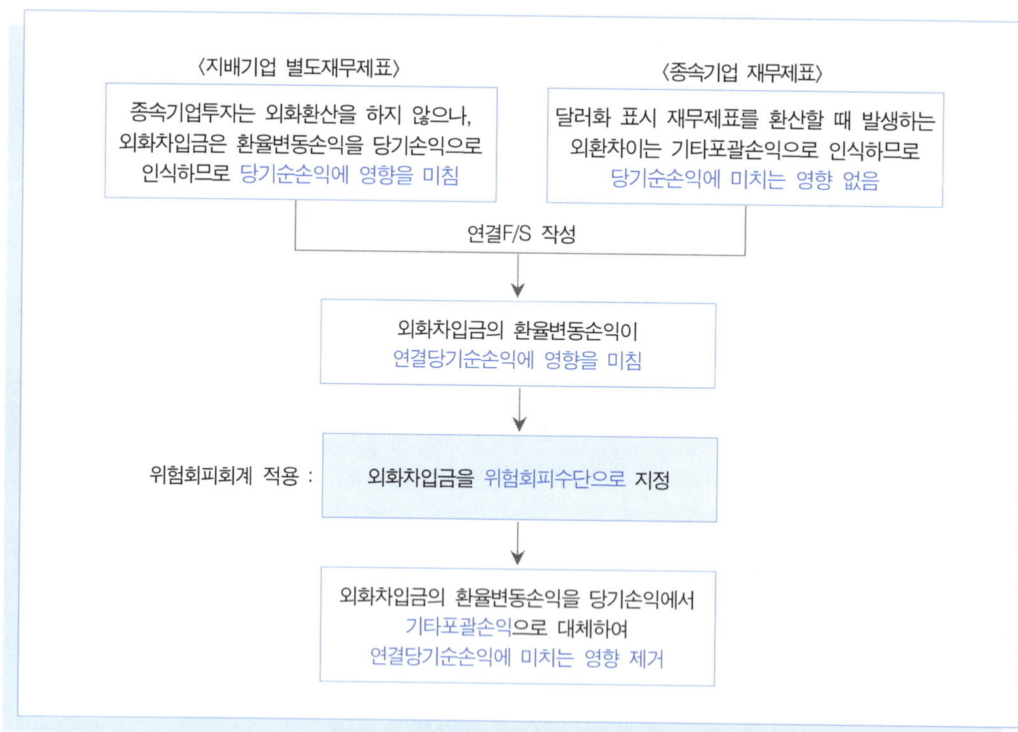

▶ 해외사업장순투자의 위험회피(2)

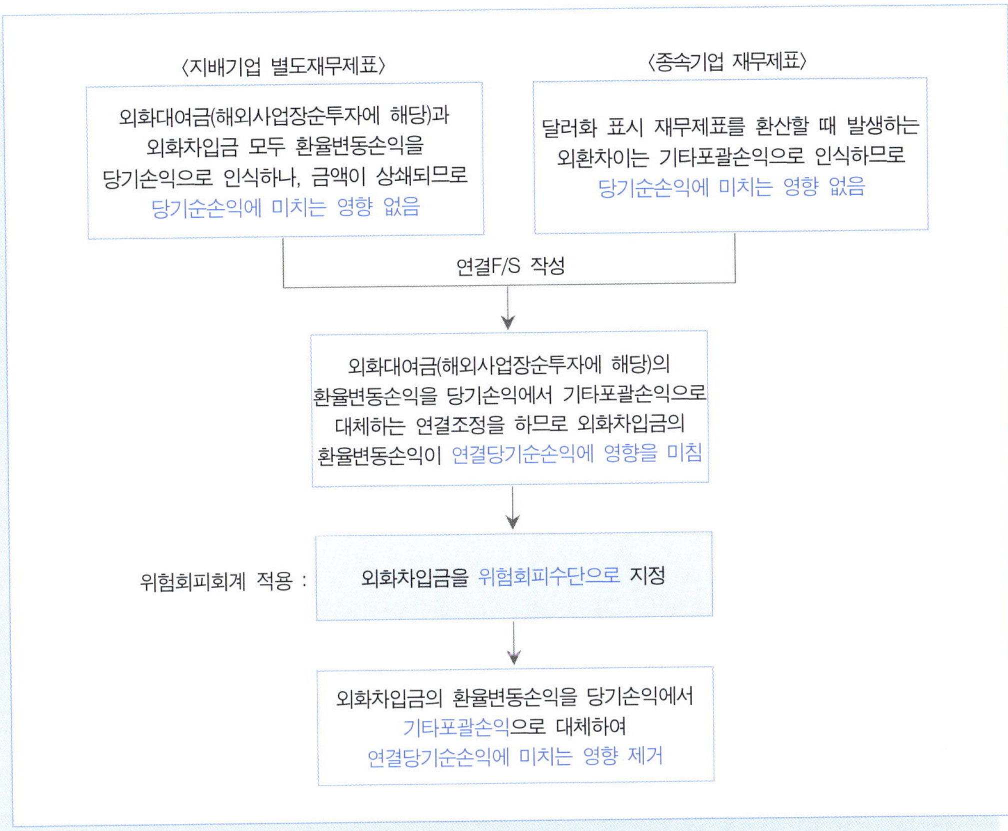

(4) 해외사업장순투자의 위험회피 회계처리 방식

① 현금흐름 위험회피회계와 유사한 회계처리

② 위험회피수단의 손익 중 위험회피에 효과적인 부분은 외화환산적립금으로 하여 기타포괄손익으로 인식하고, 비효과적인 부분은 당기손익으로 인식한다.

③ 외화환산적립금의 누적액은 해외사업장을 처분하거나 일부를 처분할 때 기타포괄손익에서 당기손익으로 재분류한다.

7. 내재파생상품

(1) 내재파생상품의 의의

① 주계약에 파생상품이 결합된 금융상품을 복합계약이라고 하며, 복합계약에 내재되어 있는 파생상품을 내재파생상품이라고 한다. 전환사채는 주계약이 채무상품이고 내재파생상품은 주식전환옵션이다.

② 분리형 신주인수권부사채

특정 금융상품에 부가되어 있더라도 계약상 해당 금융상품과는 독립적으로 양도할 수 있다면 내재파생상품이 아니며, 별도의 금융상품으로 본다. 따라서 신주인수권은 별도의 금융상품이다.

(2) 복합계약의 회계처리

① 복합계약 투자자

투자자는 주계약이 기준서 제1109호의 금융자산에 해당하면 내재파생상품을 분리하지 않고 복합계약 전체를 하나로 회계처리한다. 전환사채의 투자자는 주계약인 채무상품이 금융자산에 해당되므로 전환사채 전체를 하나의 금융자산으로 회계처리한다. 주계약이 기준서 제1109호의 금융자산이 아니라면 후술하는 내재파생상품의 분리 요건을 고려해서 분리여부를 판단한다.

② 복합계약 발행자

발행자는 복합계약 전체를 금융부채 또는 지분상품 중 하나로 구분한다. 복합계약 전체를 지분상품으로 구분하면, 지분상품은 내재파생상품의 분리 여부를 판단하는 기준서 제1109호의 적용대상이 아니므로 내재파생상품을 분리하지 않는다. 복합계약 전체를 금융부채로 구분하면, 후술하는 내재파생상품의 분리 요건을 고려해서 분리여부를 판단한다.

(3) 내재파생상품의 분리

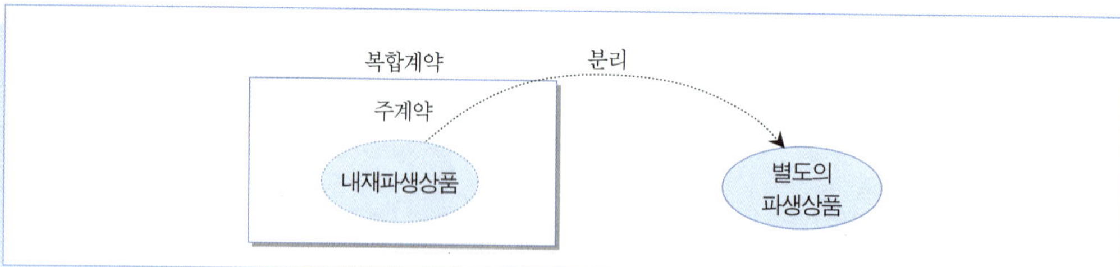

〈3가지 분리조건 : 모두 충족해야만 분리〉

> ① 내재파생상품의 경제적 특성 및 위험이 주계약의 경제적 특성 및 위험과 밀접하게 관련되어 있지 않다.
> ② 내재파생상품과 조건이 같은 별도의 금융상품이 파생상품의 정의를 충족한다.
> ③ 복합상품의 공정가치 변동을 당기손익으로 인식하지 않는다. (FVPL 측정 금융부채에 내재된 파생상품은 분리하지 않는다.)

(4) 복합계약 발행자의 FVPL 지정

복합계약 전체를 FVPL 측정항목으로 지정할 수 있다. 이러한 지정은 주계약과 분리해야 하는 내재파생상품이나 분리할 수 없는 내재파생상품 모두에 적용할 수 있다.

(5) 복합계약과 복합금융상품의 구분

① 복합계약

발행자와 투자자의 구분 없이 주계약과 내재파생상품이 합쳐진 금융상품을 말한다.

② 복합금융상품

발행자 입장에서 금융부채와 지분상품의 성격을 동시에 가지고 있는 금융상품을 말한다.

③ 전환사채 발행자

복합계약 전체를 금융부채로 구분하고 내재파생상품 분리 요건을 충족하므로 주식전환옵션을 분리해서 회계처리한다. 주식전환옵션이 지분상품에 해당하는 전환사채를 발행할 경우 이는 복합금융상품에 해당하므로 주계약인 사채(상각후원가 측정)와 주식전환옵션(자본항목)을 구분하여 회계처리한다. 반면에 주식전환옵션이 금융부채(파생상품부채)에 해당하면 이를 복합계약으로 분류하여 사채(상각후원가 측정)와 파생상품부채(FVPL 금융부채)로 구분하여 회계처리한다.

8. 자기지분상품으로 결제되는 파생상품 (2차)

(1) 자기지분상품으로 결제되는 파생상품의 분류

구 분	인도하는 자기지분상품의 분류	수취하는 자기지분상품의 분류
인도(수취)하는 자기지분상품의 수량과 그 대가의 금액이 모두 확정되어 있는 경우	지분상품	지분상품의 감소
인도(수취)하는 자기지분상품의 수량과 그 대가의 금액 중 하나가 확정되어 있지 않거나, 모두 확정되어 있지 않은 경우	금융부채	금융자산

(2) 예제 2 : 주식매입선도

① 주식매입선도 : 예제 2

[물음 1] 현금 차액결제

일 자	회계처리
20×2. 2. 1.	
20×2. 12. 31.	
20×3. 1. 31.	

[물음 2] 주식 차액결제

일 자	회계처리
20×2. 2. 1.	
20×2. 12. 31.	
20×3. 1. 31.	

[물음 3] 총액 실물결제

일 자	회계처리
20×2. 2. 1.	
20×2. 12. 31.	
20×3. 1. 31.	

고급회계 서브노트

발 행 일	2025년 5월 22일 10판 1쇄
초 판 발 행 일	2013년 4월 20일
저 자	최창규
발 행 인	이정아
등 록	제25100-2015-000010호
발 행 처	도서출판 준앤유
주 소	서울시 강남구 선릉로
전 화 번 호	02-736-7701
F A X	02-725-1907
I S B N	979-11-88060-45-0 (13320)
가 격	15,000원